青少年媒介素养教育丛书

——《少年日报》小记者小作家训练教程

新闻采访与写作

赵玉平 孙 宏 主编

上海教育出版社
SHANGHAI EDUCATIONAL
PUBLISHING HOUSE

丛书主编

赵玉平　孙　宏

本册编者

（以姓氏笔画为序）

孙　宏　李　晔

袁思源　顾力丹

郭　莹　谭杨红

媒介素养教育为健康人生奠基

（序）

智能手机普及的当下，某种程度上已经是一个媒体无所不在、传播空前便捷的“微传播”时代。有数据表明，我国中小学生中网民占比已超总数的90%。

在新媒体使用方面，未成年人主要面临着网络违法侵害、不良信息影响、个人隐私泄露、网络沉迷成瘾等风险，越来越多的青少年面临着被新媒体“绑架”的风险，沦为沉迷其中的“手机控”“朋友圈控”，导致玩物丧志，影响身心健康，影响学习态度和效果，业余时间被智能手机、Pad等移动电子互联网终端“绑架”的青少年“低头族”随处可见，本该丰富多彩的童年生活、所谓的远大志向被虚拟世界替代。

因此，在中小学开展媒介素养教育应该是实施素质教育的一部分。媒介素养教育的本质不只是媒介知识的传授，更是一种能力的培养。青少年在基础教育阶段积累的信息甄别和判断质疑的思维能力可能会让其受益终身。信息时代开展中小学生媒介素养教育，应当立足于完成以下目标：了解基础的媒介知识以及如何使用媒介，提升对媒体设备的使用和相关技术的应用能力；学习判断媒介信息的意义和价值，提高对信息的鉴别和质疑能力，在泥沙俱下的信息流中做到去其糟粕、取其精华；端正态度，坚守媒体使用的伦理，学习使用大众传媒发展自己。

《少年日报》作为全国唯一的少儿类综合性日报，联合相关机构在2019年下半年启动了全国首个“中小学生媒介素养教育实践体验基地”建设，在中小学生媒介素养教学体验空间的设计建设、媒介素养教育课程的开发、学生记者训练培养、中小学生动手体验媒体产品生产的实践课程、专业采编队伍参与中小学生媒介素养学习带教等方面，已经做了成体系的开发设计。我们希望通过成体系的媒介素养教育，既引导、教育青少年合理利用媒体，也能使之很好地成为学校教育的合理补充，这是少儿媒体的职责所在。

我们必须让孩子明白，媒介信息是制造出来的“真实”，其内容是经过刻意筛选的，不完全是真实的客观世界；我们必须让孩子明白，应学会运用自己的理性思考，对各类信息发表自己的见解，提出批评性意见；我们必须让孩子明白，应该自动屏蔽非法、暴力、庸俗的垃圾信息，合理利用理性传播，提高信息时代的“免疫力”，这跟肌体的免疫力同样重要……飞速发展的媒体传播技术，无疑在便捷沟通、提升效率、丰富资源、增强刺激等方面带来了前所未有的改变，但是我们不得不冷静地让我们的下一代知道：冷冰冰机器和电子技术，无法替代人类的情感、无法替代基于人类崇高情感的血与肉的体验、无法替代心与心的交流……它终究只是工具，而不是具备灵性的人。

通过青少年时期科学合理的媒介素养教育，让青少年了解媒体内容传播的基本规律，知晓基本的媒介道德和媒体伦理，理性地使用、解读媒体，且能正确使用新媒体技术，使他们既能够享受新技术所带来的信息便利，又能在良莠不齐的信息洪流中保持一份冷静和理智，并能对自己的传播行为负责，某种程度上就是在为他们未来的健康成长奠基。

2021年3月

目录

目录

第一课　优秀小记者养成记

小学生：童童

小学生：乐乐

新闻课老师：小闻老师

第一节
“记者”和“小记者”

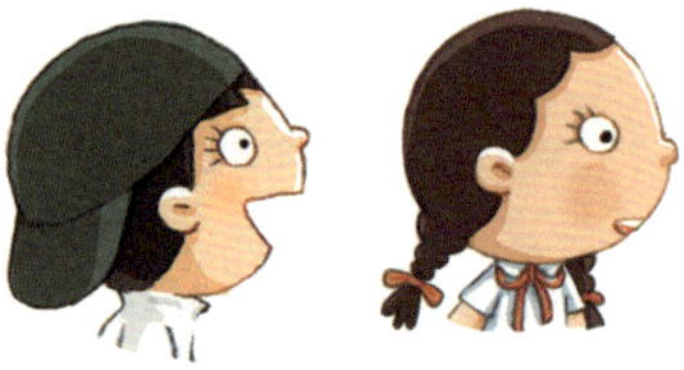

老师，怎样才能成为一名优秀的小记者呢？

回答这个问题之前，我先来考考你们……

关于“记者”的快问快答

“记者”这个名词对我们来说并不陌生。在本丛书第一册《新闻的听读说》的部分章节中，我们已经带大家了解了“记者”这个职业。那么在本章节的学习前，让我们一起来做一个关于“记者”的快问快答吧，你准备好了吗？

◎ 记者的由来——世界上最早的记者

记者作为一种职业，最早诞生于意大利威尼斯。

16 世纪的威尼斯是欧洲的经济中心，商业活动非常繁荣。世界各地的人们聚集在这里，迫切需要了解和掌握涉及切身利益的消息。于是，就有些人专门采集有关政治事件、物价行情、船舶航期等方面的消息，记录下来公开出售。他们就是最早的报告记者、手书新闻记者和报纸记者。

原来那么早就有记者啦！

这说明记者这个职业很重要。

◎ 记者的分工——各司其职的记者

大家在电视里、广播中、报纸上，肯定已经看到或听到过这样的表述——“新华社驻外记者报道”“新民晚报特派记者现场直击”，从这些不同的媒体来源和表述上我们不难猜出，记者有各自明确的分工。

一般情况下，记者按工作性质可分为：文字记者、摄影记者、广播记者、电视记者、网络记者等。按内容可分为：政治记者、军事记者、经济记者、文教记者、科技记者、体育记者等。按地区可分为：本地记者、驻外记者、特派记者等。

通过这些名称，你是不是已经猜出记者们的专职领域啦？

小记者是不是也有分工？

我只知道想成为一名优秀的小记者，要先学习各方面知识。

◎ 记者的荣誉——为信仰而战的记者

小伙伴们，你们知道吗？2000 年，国务院正式批复中国记协《关于确定“记者节”具体日期的请示》，每年的 11 月 8 日成了中国记者节。记者节像护士节、教师节、医师节、中国人民警察节、中国农民丰收节一样，是我国仅有的六个行业性节日之一。

每年的中国记者节前夕，经中国共产党中央委员会宣传部批准常设的全国优秀新闻作品最高奖——中国新闻奖，会展开本年度评选工作。

这让我想到了作文比赛，记者们也要比赛呀……

记者各个都能说会道，中国新闻奖竞争一定很激烈。

小闻老师说

再给大家补充一个小知识。1875 年 7 月 7 日，《申报》首次刊登招聘“访事”的启事，招聘的要求是“必须学识兼长，通达事务，并人品端方，实事求是者”。这里的“访事”就是当时对记者的称呼。

哪里有新闻，哪里就有记者的身影。记者的基本活动方式就是第一时间采写事实报道并传播出去，让人们尽知天下事。“铁肩担道义，妙笔著文章。”要成为记者首先要人品端正，有务实的精神，其次还要博学多才。成为一名优秀的记者不是一件容易的事。

● 一起来试试

大记者是小记者的榜样，说说你最关注、最喜欢的大记者；找一找他 / 她采写的令你印象深刻的一则新闻报道；把它记下来，与小伙伴们交流一下吧！

认识《少年日报》小记者团

小闻老师，小记者能和大记者一样，报道各类新闻吗？

带你认识一下《少年日报》的小记者吧！

《少年日报》小记者团成立于 1985 年，到今天已经有 30 多年的历史啦！小记者们穿着红色记者服，用笔和相机捕捉着自己的所见所闻，记录下他们的真情和感动。由小记者们自己当家作主、采写编辑的《少年日报》，不仅受到全市少年儿童的喜爱，还广受成人的重视和关怀。

◎ 上海首个少儿新闻媒体少先队组织

2021 年 10 月 12 日，在上海少先队庆祝建队 72 周年主题活动上，少先队《少年日报》小记者团大队委员会正式成立，这是上海成立的首个少儿新闻媒体少先队组织。

少先队《少年日报》小记者团大队委员会以《少年日报》为少先队活动、宣传主阵地，少先队小骨干从区级、校级小记者团中进行选拔，大队、中队辅导员由报社总编、资深记者担任，形成覆盖范围广、组织结构完整的少先队组织。

少先队《少年日报》的每个小记者都会发挥自身在学校、家庭、团队中的影响力，致力提升青少年媒介素养，聚焦在时代大背景下，同龄人学习、生活的新面貌、新变化，为城市发展建言献策；为全市少先队员提供发声的平台，亮出最真实的声音，发表最真实的思想和观点。

上海成立的首个少儿新闻媒体少先队组织，真厉害！

能成为《少年日报》的小记者太令人骄傲啦！

◎ 过关斩将，成为小记者

《少年日报》小记者团每年会在全市范围内，经过面试选拔出优秀的小学生、初中生。成为小记者，可以增长见闻见识，可以增强沟通交流能力，可以培养团体协作精神，可以提高创新能力、实践能力，当然还可以提高语文水平与修养，增强写作能力与阅读能力。

《少年日报》小记者团是培养小记者的摇篮。小记者们的愿望是：凭明亮的双眼、发现的目光，借奔走的双脚、勤奋的双手，寻找生活中的亮点、热点，品尝成长中的万千滋味，感悟当好一名小报人的责任，收获成就一份小事业的欢乐。

“小事业”，听上去很有成就感。

画重点——要有作为一名小报人的责任感。

◎ 小记者的任务

少年日报

小记者成了国庆升旗手

全国首个烈士纪念日 少先队员在行动

小记者不是专业的新闻工作者，所以小记者的首要任务是学习。要在认真学好文化课的同时，努力学习掌握新闻业务知识。许多小记者都是从零基础开始学习的，必须认认真真、踏踏实实、一丝不苟地学习新闻业务知识，掌握采访、写作、编辑的本领，这样才能当好小记者。

同时，小记者还要积极参与实践活动，不失时机地进行采访和报道。比如可以先在身边的媒体（包括校园刊物、校园广播、校园电视台）上发表自己的采访报道。因此，小记者应该密切注意自己身边的新闻，一旦发现，立即采访报道。

哎呀！我先去完成作业……

那我们可不等你了，采访去咯！

小闻老师说

再和大家画一下重点，小记者的任务主要有两项：第一项任务是在完成学业的前提下，利用课余时间学习掌握新闻业务知识；第二项任务是积极参与新闻实践活动，采访和撰写新闻稿。

好多同学都很羡慕记者的职业，自己也想当个小记者，好让自己写的文章、拍的照片登在报纸上，让自己的同学、老师、爸爸妈妈看到，那该多神气呀！可是，当个记者并不简单，记者身上肩负的责任重大，他写的文章要经得起千百万读者的审阅，不能出现一点差错。所以，如果你有这个美好的愿望，从现在就要努力，了解当一名小记者的职责和应具备的条件，培养自己的新闻意识，逐步提高自己的素质。这样，你才能从今天的小记者，成长为一名真正的记者。

老师也建议大家在学有余力的情况下，把小记者活动作为自己的兴趣来发展。

一起来试试

现在不少学校都有校园电视台，校园里活跃着一群小记者，他们会先从采写身边的校园新闻报道开始自己的小记者生涯，比如采访学校的科技节、艺术节、运动会，采访校长、老师、校园小明星等。

假设你已经成为一名校园小记者，接到一个关于“校园新星”的报道任务，你会怎么选择采访对象、联系采访对象呢？

拟采访对象：

选择 TA 的理由：

怎么联系 TA：

第二节　主动出击找新闻

获取新闻的几种方法

新闻会主动找上我们吗？我们去哪里找新闻呢？

我们应该自己主动去留意新闻。

没错，新闻就在你身边，但是有些人却往往视而不见，听而不闻。

◎ 学会观察：用“新闻眼”获取新闻

作为一名小记者，要有一双“新闻眼”。每到一个地方都要留心观察周围的环境，观察人和事，看看有什么与众不同的地方或出现了哪些变化，然后经过思考、分析，判断是否有新闻。比如有小记者留意到，午餐后，班级里不少同学的餐盘里都会剩下很多饭菜。学校一直推广“光盘”行动，那有什么更好的方法去落实呢？他观察了几次，发现女生剩下饭菜的情况更多，而有些胃口大的男生却不够吃，还有些同学对某些食物过敏，不能吃。于是他先找到了老师，提出是否可以把学校午餐分成量多和量少两种类型；接着，他和班级队干部一起，制定了“中队公约”，激励大家积极响应“光盘”行动；最后，他写了一篇《光盘，我们有办法》的报道。

◎ 学会聆听：用“新闻耳”获取新闻

作为一名小记者，还需要一对“新闻耳”。除了每天看电视、听广播之外，还要注意聆听老师、同学和家里人的谈话，有时从他们的谈话中就能挖掘出一些反映人们思想动态的新闻。比如，有小记者写了一篇《同学之间攀比不好》的报道，就是从课间同学之间聊天时比吃、比穿的现象中挖掘出来的；还有一名小记者听到同学之间聊天，聊到家长教育自己时说的哪些话会让自己有逆反心理，于是他敏锐地捕捉到了这一点，写了一篇《爸爸妈妈，请不要这样说》的报道。

◎ 学会思考调查：用“新闻脑”获取新闻

作为一名小记者，自然是要多思考。思考怎么去进一步了解一个现象，思考这个现象是由什么原因引起的，有时候还可以借助调查来获取更多信息，帮助自己思考。思考调查的目的就是要了解同学们在想什么，关心什么，在讨论哪些热门话题，他们有什么愿望、追求，他们有哪些忧伤与欢乐，他们对什么最感兴趣……调查之前可以拟定一个调查提纲，有目的地深入到同学中间，以各种形式开展调查活动，获取第一手材料。

比如，“双减”政策落地后，同学们的课余时间都是怎么安排的？教师节，你会送老师什么祝福？ 10 岁生日，同学们是怎么度过的？从中都可以挖掘出许多好的新闻。当然，调查不只限于同学之间，我们还可以调查老师、家长，甚至社会中的某个现象，使得调查内容更广泛、更有深度。

◎ 学会交友：在交流中获取新闻

有经验的记者都会有这样的体会：如果总把自己局限在一个小圈子里，活动范围很窄，很难发现新闻线索，更难以写出一篇有价值的报道。所以，作为一名小记者，应努力多交一些朋友。比如，在学校里，可以多与其他班级、年级的同学交朋友；在参与校外的各类活动时，可以多与其他学校志同道合的同学交朋友。这样，通过朋友之间的交往，便可以了解许多自己不了解的人和事。当然，由于小记者们年龄小，在结交朋友时要有自我保护意识。

《少年日报》的小记者来自上海市各所中小学，每周末的小记者活动都是大家交流的好机会，说说各自校园里发生的新鲜事，往往会挖掘出有价值的新闻线索。

小闻老师说

一般来说，为了工作便利，媒体会安排相应的记者负责某个领域的采访工作。所以，记者需要和自己负责领域的相关人员建立良好的“媒体联络”，从自己的“条线”（就是记者负责采访的领域，比如负责足球方面的采访，可称为负责足球“条线”）上获取新闻线索。当然，“条线”上的新闻线索是不是有价值，是不是有新闻点，需要记者自己去深入了解，再做判断。

一个优秀的记者，通过“新闻眼”“新闻耳”“新闻脑”，甚至“新闻鼻”，就能看到、听到、闻到，并采写出有价值的新闻。

那么神奇！乐乐，让我来看看你，闻闻你身上有没有“新闻”？

一看你就知道没有带“新闻脑”。

一起来试试

下文是小记者写的一篇稿件，请认真读一读，想一想这名小记者是通过什么方式获取新闻线索，从而写出报道的。

10 月 11 日，微信的青少年模式推出一项新功能——“监护人授权”，青少年可以设置一个监护人角色，并向监护人申请临时使用一些受限制的功能。

我今天试用了下，发现新功能确实挺实用。在旧版本下，我只能浏览已经关注过的公众号或小程序，如果朋友转给我一个未关注的公众号链接，就无法打开了。现在，我把妈妈设为监护人，遇到不能打开的链接，可以向妈妈申请临时访问。妈妈就会立刻收到我的申请消息，她会查看链接中的内容，判断是否适合我观看。如果可以，妈妈会点击同意，我就会收到反馈的消息，并可以打开链接浏览了。我用未关注的“上海检察”公众号一篇关于青少年反诈的文章做了测试，果然妈妈批准后我就可以浏览了。当然，如果妈妈觉得不适合我看，那我依旧无法使用，即“申请无效”。此外，原先的模式只允许连续观看视频不超过40分钟，而在新功能下，我可以向妈妈申请再延长40分钟。

我觉得，在更新后的微信青少年模式下，青少年有了表达和申请的权利，可以跟爸爸妈妈探讨自己想看的内容，在父母的监督下扩大所接触内容的范围，这样就不会错过很多有用信息了；另外，在使用时间上也更灵活，可以根据每天的实际需要随时调整。这些都大大弥补了之前强制规定、“一刀切”模式的不足。

不过，我还有个小建议：现在新模式只能设置一个监护人，如果妈妈在忙，没空批准申请怎么办呀？所以，如果能增加“多个监护人”的功能就好了。即使一位监护人因忙碌没注意到申请消息，其他监护人也可以及时反馈我们的申请。

我相信，在不断的改进下，微信青少年模式一定会更受广大青少年欢迎。

小记者　汪憬宜

新闻线索就在身边

我每天在家和学校两点一线，身边哪有什么“新闻”？

光是家里、学校里就有很多新闻啦！

◎ 在家：养成看新闻、听新闻的好习惯

小记者也是小公民，要关心国家大事，了解国家的政策方针，养成收看新闻、收听新闻的好习惯。遇到不理解、不清楚的，我们可以请教身边的大人。当听到和青少年相关的新闻时，我们更要重点关注。有些政策方针、领导讲话就能引出新闻线索。

我以前并不喜欢看新闻，因为感觉和我们关系不大。

我也是成为小记者后，才开始和爸爸妈妈一起看新闻的。

◎ 在学校：保持强烈的好奇心和求知欲

凡是我们感到新奇的事情都有可能成为新闻，小记者的好奇心有时候比大记者还要旺盛。无论何时何地，一旦发现能引起我们好奇心的现象，我们就应当紧紧抓住不放。比如在我们待的时间最长的校园里，观察一下新学期学校的校舍变化、留心一下校园最近会有什么活动、关心一下同学间的热点话题，这些信息可以通过校园布告栏、红领巾广播，甚至聊天搜集，有了这些信息，不愁抓不到新闻。

我在学校也不能随便乱跑呀！

那就先留意班级里的情况呗！

◎ 在社区等公共场所：在实践中搜集新闻线索

实践出真知，小记者学习再多的理论知识，还是离不开实践，要从实践中不断积累经验，培养自己的新闻敏感度，找到有价值的新闻线索。社区、青少年活动中心、少年宫等适合青少年活动的校外场所，就是小记者实践的天地。只要坚持不懈地学习和实践，一定会有一天，你的鼻子也会变成“新闻鼻”，你的眼睛也会变成“新闻眼”，你的大脑也会变成“新闻脑”，拥有自己的“新闻敏感”，找到新闻线索。

我想起来了，我们社区会不定期开展一些适合青少年的活动。

哈哈！那你有没有想过社区为什么会开展这些活动呀？

小闻老师说

总而言之，小记者要做生活中的有心人，依靠自己的观察和积累找新闻线索。家、学校、社区等周边公共场所都是小记者信息的主要来源地。小记者因为活动空间比较小，接触外界的面比较窄，就更需要对身边的人和事处处留心了。

当然，进入网络时代后，有许多来自网络的新闻信息，小记者们在获取信息的同时，也要用自己的思考去判断这些信息的真假哦！这在我们第一册《新闻的听读说》中，也都提到过。

● 一起来试试

以下这位小记者从自己参与的一项运动中，找到了新闻线索，我们先来看一看——

小学生掀起“轮滑球运动”热潮

今年 3 月份开始，在青浦的智美体育中心，一年一度的上海轮滑球“假日杯”春季超级联赛如期举行。来自不同轮滑俱乐部的小朋友们，根据年龄段组队“拼杀”。今年我和我的队友也参加了 U9（9 岁以下）组的比赛。

赛场边，家长们摇旗呐喊，为场上队员加油助威。赛场上，小朋友们你来我往，拼抢激烈，为了每一个球而奋力拼搏。即便有时会摔得人仰马翻，每个人依旧会马上爬起来继续比赛。我也记住教练的安排，努力将平常训练时掌握的技战术发挥出来。

在比赛间隙，我采访了赛事主办方的一位叔叔，他介绍说轮滑球是近年来兴起的一项团队运动，“假日杯”联赛可以让小朋友们能够有机会和队友互相了解、相互配合，对团队合作更有认知，对小朋友的成长更有帮助。这次比赛还有来自杭州和无锡的队伍。一位来自杭州的家长告诉我，学习轮滑球能够培养孩子的拼抢意识和团队意识，来上海参加比赛是因为这里的队伍多，小朋友可以有更多切磋的机会，可以和其他队伍有更多的交流，学习更好的技战术。

小记者　徐诚灏

选择一项你参与的校外活动，以“青少年喜爱的活动”为主题，采写一篇报道。

第二课　当采访任务来临时

第一节　了解新闻采访

今天要去采访了，你做了哪些采访准备呀？

什么？采访还要做准备？

新闻采访是什么？

在第一课中，我们学习了怎么去获取新闻线索，有了新闻线索，新闻是不是就可以从天而降呢？肯定不会，因为还有两个主要环节没有进行——采访和写作。这一课，我们先学习怎样进行新闻采访。

◎ 采访的由来

“采访”这一词，早在我国1500多年前的古书上就开始使用了。顾名思义，它包含了两个方面的意思：一是采集，二是访问。在古代，它主要是指朝廷内的史官搜集历史资料、各类情报时所进行的活动。到了近代，随着报社、广播电台、电视台等出现，许多媒体单位有了专职的记者，“采访”一词才成为新闻工作的专门术语。

我们现在所说的“采访”，就是指新闻记者为了采集新闻素材所进行的工作。

我知道了，采访就是采集加访问。

这是字面意思，你再看看清楚。

◎ 采访的意义

采访可以说是作为一名记者的基本功，通过新闻采访才能搜集信息并对其进行整理、分析和结合。采访是为了把有意义的信息告知广大群众。

如 2021 年是中国共产党建党 100 周年，《少年日报》编辑部在策划“建党 100 周年”专刊时，将“红色人物”纳入专刊中。而这些“红色人物”对于小读者来说都很陌生，其中有一位采访对象是曾经的地下少先队员肖翠锦奶奶。

记者在采访中，不但带上了小记者，还让小记者一起做功课——采访时挖掘新闻的故事性，如肖翠锦是如何与少先队结缘并成为“地下党”预备队“地下少先队员”的；再如她曾经是如何完成党组织交给地下少先队员的任务的，当中经历了哪些危险……无论大记者还是小记者，都有责任和义务把这段历史和这些正能量的人物故事告诉更多小读者，让红色基因代代相传。

小记者要做有意义的采访。

没错，小记者也是小读者，是最了解同龄人的。

小闻老师说

如果把写新闻的过程比作烹饪美食，那么记者就好比是厨师，要先去“采购”大量优质的“原材料”——新闻素材，经过“加工”——写作，才能烹饪出“美食”——新闻稿。很显然，正如没有“原材料”就没办法烹饪出“美食”的道理一样，没有新闻采访，就没有写作的依据，就不能完成新闻稿。所以，在新闻报道活动中，采访是起点，是第一位的，它是写好新闻稿的前提和基础。

一起来试试

想一想，什么是采访？对小记者来说，采访什么样的内容才是有新闻价值的？

我想采访的内容是：

它的新闻价值是：

新闻采访有哪些特点？

了解了“采访”的意义，我们来概括一下“采访”的几个特点。

◎ 采访有时间的限制

新闻报道要及时、准确，所以特别强调时效性，要求在截稿时间之内完成采访、写作、发稿任务。如果拖到截稿时间之后，早已时过境迁，大家都知道的事就不能再叫“新闻”，辛辛苦苦写好的新闻稿，成了没有任何价值的废纸，实在可惜。因此，记者采访要树立时间观念，要求自己在严格的时间限制之内，思维敏捷、行动迅速，争分夺秒地抢发新闻稿件。

新闻采访有着很强的时限性。小记者要捕捉到第一手新闻素材，就必须用最快的速度进入角色，不失时机地进行采访，学会“抢”新闻。这个“快”包含了从采访到写稿、发布，要一气呵成，别让“新闻”变“旧闻”。

◎ 采访有明确的目的

采访是记者进行的一种调查研究工作，那么它与其他调查研究工作有什么区别呢？区别就在于它们各有自己特殊的目的。大家都知道，班主任和任课教师做调查研究，是为了掌握学生的学习情况，改进教学方式；同学们做科学实验，写实验报告，也是一种调查研究，这是为了发现科学规律，掌握科学知识。而记者采访所做的调查研究，则是为了准确、真实地反映新闻事件，向社会传播信息。所以，记者采访，是围绕新闻报道的中心去采集材料，对有关人员进行访问，它的目的是非常明确的。

◎ 采访是艰苦的劳动

第一次主动出击

少儿频道开播的那年夏天，我的初一生活刚刚结束。那时，少儿频道的四个主持人是所有小朋友最崇拜的偶像，这令我萌发了一个单纯的念头：采访他们！

心动不如行动。那十几天，我几乎天天都在打电视台的对外联络电话，甚至一天要打很多回，因为这些哥哥姐姐虽然在电视台有自己的办公桌，但一般都奔波在外。开始，我觉得我的想法是一个遥不可及的梦，当我在放弃与否之间徘徊的时候，出于当时的习惯，手指依然摁下了那 8 个熟悉的数字，当那位接电话的小姐姐准备挂电话的时候，她身旁有人说："找杨益的？我有他的手机号！"我如同听到了天籁，这些天的努力总算没有白费啊！

……

小记者　周瑾

从这篇小记者的采访感悟中，我们不难看出，采访活动往往不能一次完成，要持续进行，这就需要小记者勤跑、勤问、勤看、勤想、勤记。可以说，采访是艰苦的劳动，小记者需要认识到这一点并努力付出。

小闻老师说

采访在整个新闻报道的流程中，是至关重要的第一步，是各道程序的基础。一条新闻，要经过采访、写稿、编辑、审稿、编排、印刷或播出等程序，才能传播到受众那里。就是因为采访的重要性，所以了解采访的时效性、明确自己的采访目的、做好采访前的各项准备工作才可以事半功倍。

● 一起来试试

乐乐班级有同学课间休息时，在走廊里追逐打闹，结果腿摔骨折了。老师和班干部了解了这件事后，想拟一份课间文明休息的班级公约。班干部提议去采访当事人，以当事人现身说法的形式报道这件事，可以使拟好的课间文明休息公约更有说服力。

如果你是这名班干部，你会怎么做？

第二节　采访前的准备

采访前要精心准备

小记者正式接到采访任务后，大多会兴奋不已，恨不得插上翅膀立即去采访。可是，采访的地点在哪里？采访的是什么人？要问些什么问题？达到什么目的？这些全都不知道，那怎么行呢？现在，我们正式进入采访准备环节。

◎ 明确报道思想

电视、报纸是给人看的，广播是给人听的，只有当观众看了、听了，所发布的新闻才能真正起到传播信息、用新闻事实教育人的作用。比如，有一篇写“十佳少先队员”先进事迹的报道，用一个个少先队员在学习、生活中的典型故事，生动地表现出“十佳少先队员”刻苦勤奋、坚韧不拔、乐于奉献的特点，为同龄人树立了榜样。看了这篇报道，我们就知道怎样弥补自己的不足，找到努力的目标，激励自己不断进步。这篇新闻报道就起到了用事实教育人的作用。

那么，大家有没有想过，为什么一篇好的报道能发挥这样大的作用，仿佛产生了什么“魔力”，使我们不自觉地接受它的影响，甚至改变自己以往的想法呢？这其实是因为这篇新闻报道有着明确的报道思想。正如我们学习的课文都有明确的中心思想一样，每篇新闻报道也都有自己的“中心思想”，新闻学里称之为“报道思想”。简单说，“报道思想”就是新闻报道的目的。

记者“航行”在奇妙的“新闻大海”中，怎样才能在这浩瀚的“新闻大海”里不迷失方向呢？这就要我们也有自己的“指南针”——报道思想。

报道的思想性很重要。

报道思想是采访的“指南针”。

◎ 了解采访对象和背景

前面已经说了，记者采访就像“航海”，有了自己的“指南针”——报道思想之后，就要有“海图资料”。“海图资料”是什么呢？这就是采访的背景材料。

每次采访前，我们首先要了解这次采访的背景，什么时候采访？可以采访多长时间？在什么环境下采访？其次，我们要对采访对象有一个基本的了解，有采访对象吗？可以采访谁？他在什么时间可以接受采访？这对于我们顺利地打开采访大门，很快地进入角色，恰当地提问和获取更多的新闻素材大有好处。

通常，对于采访活动，我们应该了解活动主题、活动时间、可采访范围和其他采访要求等。对于采访对象，我们应该了解他的名字、性别、年龄、职业等基本情况，采访时才能心中有数，找到共同语言，采访对象也会乐意和你交谈。

看来，要熟悉采访活动的基本情况。

没错，还要去了解和采访事件相关的采访对象。

◎ 拟定采访提纲

记者在“新闻海洋”里“航行”，有了“指南针”和“海图资料”，那么它的“航海路线”又是什么呢？这就是我们要说的采访提纲了。

采访提纲除了列清采访主题、采访对象信息以外，重点要列出的是向采访对象提出的问题。有了这样一个提纲，在实际采访中，不但能避免提出的问题重复、与主题不符，还能避免由于紧张等原因，漏掉本来要问的问题，之后再费很大的力气补充采访。

采访提纲是专业记者逻辑思维和思考问题层次的体现。一个好的采访提纲，能够帮助记者坚定信心、临阵不乱、掌握采访的主动权，使采访得到圆满的结果。

美国内华达新闻学教授拉鲁·吉尔兰德曾在拟定采访提纲方面推出了设计问题的辅助公式，有一定的指导意义。他提醒记者在设计提问时应该涉及下列具体问题：

目标：你们(或组织)要实现的目标是什么？

障碍：你们遇到过什么难题吗？目前的阻力是什么？

解决：你们是怎样对付这些难题的？是否有解决矛盾的计划？

开始：这一设想是什么时候开始的？是根据谁的意见提出的？

听上去很深奥，乐乐你理解了吗？

专业记者的采访提纲肯定更专业，我觉得小记者应该有小记者的采访角度，采访提纲应该有自己的特色。

◎ 准备好采访道具

很多小记者采访时会发现，因为前一天没有好好准备，在采访现场就遭遇了尴尬。有的忘了带笔，有的忘了带采访本……还有的光顾着带这带那，到了现场，却发现照相机没电了，录音笔卡壳了，状况百出，所以采访前的道具准备也不是一件小事。

除了采访本、笔、录音笔、照相机这些采访时常用的物品外，小记者还要准备一些“特别”的物件。比如《少年日报》小记者就有“三宝”——记者服、小记者证、红领巾。另外，采访笔一般选用书写流畅的圆珠笔，备两支；采访本一般选用大小可以塞进记者服口袋里的硬面本，方便随拿随记。

采访前还要再检查一下带的物品。

比如采访本有没有写满，笔写得是否顺滑流畅，录音笔、照相机的电有没有充满，储存空间够不够。

小闻老师说

可以说在采访前，我们既要有思想上的准备，也要有硬件上的准备。这两者缺一不可。采访次数的增多，对自己采访经验的积累也是大有益处的，在下一次的采访准备上可以节省更多时间，也能更有针对性地获取背景资料。

拟定采访提纲是难点。以事件为主的采访提纲，要先了解采访事件的背景，然后围绕事件的组织方、涉及的相关人员等设计问题。以人物为主的采访提纲可能只有一个采访对象，设计的问题都是围绕这个人，而以事件为主的采访提纲一般都会有好几个采访对象，设计的问题要和采访对象一一对应。

一起来试试

2021 年 9 月，上海各所中小学开始实行“双减”政策，“双减”是指要有效减轻义务教育阶段学生过重的作业负担和校外培训负担，这是有关中小学生们的一件大事，自然是一个很值得报道的新闻事件。

如果你是小记者，你准备怎么完成这次采访？

采访背景：

采访对象：

采访问题：

第三课 小记者提问攻略

第一节　现场提问的技巧

提问，是一名记者最基本的职业素养之一，也是记者所在的媒体对外形象的展示。问题提得好不好，采访对象回答得是否精彩，有没有实质内容，直接决定了最终新闻稿的价值和可读性。在这一课中，童童和乐乐将跟着小闻老师学习采访时的提问技巧。

新闻发布会开始后，我该如何提问？

童童、乐乐在小闻老师的带领下参加了一场新闻发布会。那么，该如何提问呢？这个问题看起来简单，要做好却并不容易。

翻看一些新闻学的书籍，或请教一些记者后，你会知道记者在访问时采取的提问方法大致有以下几种——

（1）正提法：直截了当地讲明采访目的，开门见山地提出问题。

（2）迂回法：采用聊天攀谈的形式循序渐进，然后逐步将谈话引上正题。

（3）诱导法：有针对性地把采访对象掌握的信息引导出来。

（4）追问法：抓住重点，循着某种思路、某种逻辑，连珠炮式地提问。

（5）设问法：提出一些假设性的问题，是一种试探性的提问方法。

（6）激将法：提出比较尖锐的问题，促使对方的心态由“要我说”变为“我要说”。

（7）插问法：在谈话过程中，及时地抓住对方谈话的某个点来提问。

（8）借问法：借他人之口提出自己想提的问题。这种提问，不但可以借助第三者提出一些不宜面对面提出的问题，而且可以显示出问题的客观性。

（9）偏问法：出其不意地从一个较偏的角度去发问，以引起采访对象对采访的重视和对问题的关注，从而认真地回答问题。

◎ 准备好问题

首先，要准备好问题。之所以提出这个（些）问题，是因为记者在这之前已经做了一系列的“功课”，今天是到现场来找答案的。

至少要准备三到四个不同角度的问题，因为尽管你可能只有一次提问的机会，但你准备的问题很可能被其他记者抢先问掉，因此要做到有备无患。而这些问题一定是具有含金量的，不能为了提问而提问；这些问题应该是记者所在的媒体长期关注的，或是广大受众迫切需要了解的。

◎ 抓住提问机会

其次是要抓住提问机会。提问机会的获得又分为两个阶段。第一阶段是前期在会议工作人员征集问题时，用“好问题”争取提问机会；第二阶段是活动散场时冲上前用“短问题”“热问题”留住受访者。比如，在 2018 年全国两会上，外交部部长王毅答记者问结束时，一名记者用“外长，对近来侮辱南京大屠杀遇难者等‘精日’分子挑衅民族底线的行为，您怎么看？”这一热点问题留住了步履匆匆的王毅外长。

◎ 会“抢”话筒

你还要能“抢”到话筒。让我们再次以全国两会为例，通常是影响力较大的中央媒体、都市报媒体获得的提问机会较多，但在一些相关负责人记者会、开放日等的活动现场，不乏一些网络媒体、行业媒体、地方媒体的身影。因此，不要放弃每一次举手提问的机会，同时也要根据媒体自身的特点，在提问场合有所取舍。

江娜是《农民日报》媒体融合与协调部主任，她认为记者在争取提问机会时既不能违反规则、破坏秩序，又要抓住转瞬即逝的时机。

我最难忘的一次，就是在2016年总理记者会上的提问。当时，我举着“农民”字牌，争取到了额外的提问机会。那次记者会上，第一个问题关于股市，第二个问题关于宏观经济……转眼已经将近10个问题，没有一个问题涉及“三农”。我看了看时间，留给提问的机会已经不多。但是那一年，我带着一个非常重要的问题上会，是我过去半年里每次采访都会被反复诉说的问题，我觉得必须要在这样的场合提这个问题，为背后亿万农民代言。所以，我决心用上“秘密武器”，再一次提问时，把一直抱在胸前的一张白底红字写着“农民”两个大字的字牌举了起来。之后，我一次一次地举起字牌争取提问，直到最后发言人傅莹已经在询问总理是否可以结束，我仍不放弃，又一次高高地举起字牌。而这一次，机会终于到来。于是就有了总理笑说“让我这个当过农民的人于心不忍”，而给予的额外提问机会。

其实，作为一名小记者，你还有其他大记者没有的优势呢！你知道是什么吗？

身为小记者，我的优势是——（　　　　）（　　　　）（　　　　）

小闻老师说

面对复杂多变的大千世界、形形色色的采访对象，记者只有掌握多种多样的提问方法，机智灵活地运用，才能获得良好的采访效果。为了防止提问过程中紧张，你可以提前准备好问题，对着镜子练习一下提问；把自己想问的几个问题写在采访本上，随时看一下；保持一颗平常心；记者不是提问的主角，要减少“我”的元素，将重点紧扣在问题本身。

一起来试试

并不是每一种提问方式都适合学生记者。那么，你能说说你认为哪一种提问方法不适合学生记者，以及其中的原因吗？

怎样提出高质量的问题？

在本章节中，童童、乐乐在小闻老师的带领下参加了一场新闻发布会。这是十三届全国人大一次会议的记者会，在现场，时任教育部部长就“努力让每个孩子都能享有公平而有质量的教育”的问题回答了中外记者提问。

让我们来看看大记者们都提了哪些问题。

未来网记者：

请问部长，国家层面已经先后发布了多个减负令，但感觉孩子负担不减反增。请问部长，怎么看待这个问题，怎样才能真正为我们的孩子减负？谢谢。

中国网记者：

去年以来很多高校的思政课有了很大的变化，吸引力也明显增强，请问部长您是怎么看待这些变化的？除了思政课以外，我们还将在哪些方面加强高校的思政工作？谢谢。

中国新闻社记者：

最近几年大家对于托幼服务和学前教育非常关注，有社会的、专家智库也提出了很多意见，《政府工作报告》也明确提出要加强对于托幼服务的全程监管，请问教育部在这方面有没有一些什么具体举措，以及学前教育的立法工作现在进展如何？谢谢。

《中国青年报》、中青在线记者：

从2014年启动考试招生制度改革以来，上海、浙江去年率先实行了新高考。请问部长，试点成果如何，还存在哪些问题？下一步推进高考改革还有什么新动作？谢谢。

怎么样，是不是觉得这些记者很厉害？其实，只要在采访前做充足的功课，你也可以做到。

小闻老师说

要提出高质量的问题，首先，这些问题应该是你一直关注的；其次，这些问题应该是读者关心的，是社会热点问题；再次，这些问题的提出应该是有缘由的（比如为什么在这个时间点提出）；最后，这些问题应该是其他地方找不到答案的。

一起来试试

和几位小伙伴一起，来模拟一下新闻发布会的场景。几位同学担任记者，一位同学担任新闻发言人，进行一次小型新闻发布会。

第二节　组织问题的秘诀

采访提问的关键，是让采访对象说出具有新闻价值的实实在在的信息、细节、故事。那么，如何用提问来引发采访对象的话呢？让我们以小记者采访时任普陀区教育局局长为例子，看看组织问题的秘诀吧。

如何组织问题？

采访背景：

“十二五”期间，普陀教育发展的核心是“提升每一个学生的学习生活品质”。为此普陀区特别推出了“普陀大学堂”，来帮助学生更好地接受素质教育、开展课外实践。《少年日报》小记者带着自己从“普陀大学堂”里找来的问题，采访了普陀区教育局李学红局长，请他说说如何在校园外的课堂开展实践。

- 小记者：局长伯伯您好，在“普陀大学堂”中开展实践是同学们最期待的事了。请您为我们介绍一下这个课外学堂吧。
- 小记者：红色学堂让我们充满期待，不过，在校园外能如何上好爱国主义课，我们却没什么好办法。请您为我们出出主意。
- 小记者：局长伯伯，头脑奥林匹克创新实践是我们小伙伴之间最热门的实践活动。最近，我们得知普陀区成了今年（2013 年）头脑奥林匹克大赛的主办区。请问您，这项赛事将给创新学堂带来怎样的变化？
- 小记者：现在，普陀区有了道德实践示范的公益学堂。请问您，这个学堂会开展哪些活动，帮助我们上好小公民思想道德建设课？
- 小记者：我们得知普陀区有了新的农耕实践基地——安亭的田园学堂。请问您，除了学劳作、学采摘、学烧菜，我们还能在那里进行哪些拓展？
- 小记者：苏州河两岸有丰富的教育资源，有一些已经成了我们家门口的第二课堂。请问您，小学生可以怎样在河湾学堂进行更深入的学习，取得更大收获？
- 小记者：请问您，普陀大学堂如何体现不同年龄小朋友的受教育特点，以确保“提升每一个学生的学习生活品质”？
- 小记者：“普陀大学堂”让我们对未来的学习充满了期待。李伯伯，再给我们讲讲今后的普陀教育吧。

在这次采访中，小记者一共问了 8 个问题，聪明的你一定已经发现了，这些问题都是围绕“普陀大学堂”这条主线展开的。因为这样的集中提问，能把事情说深说透，让读者从方方面面了解这个学堂给学生带来的种种变化。“普陀大学堂”是当时普陀区刚推出的学生教育实践类项目，从教育局局长口中获悉其组成、功能和设立的初衷，是非常有信服力和独家性的。

也许你要问了，整篇稿子都是关于“大学堂”的，不是会显得单调而且片面吗？请仔细看，虽说每个问题都是关于大学堂的，但却引申出了各种关于学生综合素养培养的话题，有爱国主义的、有创智类的、有思想道德的、有劳动实践的、有环境保护的，这些问题用一个个细节勾勒出了一幅教育蓝图，既便于被采访者理清思路，又让读者一目了然地知道采访的角度和脉络。问题与问题之间既没有任何重叠，又能相互联系。

让我们再来看一个例子，五年级的上海学生许国航即将参加央视的诗词大会，《少年日报》的小记者问了他几个问题——

- 你好，请问你是从几岁开始接触古诗文的？最初是谁教你古诗文的？
- 能说说你学古诗文的过程中遇到过的最特别、最难忘的事吗？
- 你觉得自己学习古诗文有什么特别的方法吗？请举些例子。
- 你最喜欢的诗是哪一首？为什么？
- 你期待在央视《诗词大会》上有怎样的表现？

这些问题无一不是希望被采访者开口讲述故事。因为故事是采访时能获得的最好的素材，记者能从故事中梳理出细节，完善观点和立场；读者也很喜欢看故事，故事让人联想到自己，他人的故事可以给自己带来种种启示。

你还可以发现，这些问题是动态的，它们涉及了采访对象的过去（几岁开始接触古诗文）、现在、将来（期待自己在央视的表现）。这样的话，你最终完成的稿件里就会有一道人物的“弧光”，它展示了采访对象的成长和变化，这会让你笔下的人物有血有肉、让人信服。

这些问题也是有详有略的。“学古诗文中遇到的最特别的事”“学古诗文的方法”，显然应该是最终成稿的重点。而为什么要问“最喜欢的诗是哪一首”呢？这个问题的答案，可能会被用在这篇稿子的开头，因为这个问题有代入感，它是一个轻松的、每个人都能回答的问题，它可以一下子拉近读者和稿件、和受访者的距离。

小闻老师说

要想让采访对象说出有用的新闻素材，就需要你组织问题，加以引导。在这里，小闻老师为大家准备了采访组织问题的秘诀锦囊，请小记者们收好。

（1）提的第一个问题应该是易于回答、便于回答的。

（2）核心问题是你最想问的、对于读者最有新闻价值的。

（3）如果只有一次提问机会，就要提出最有价值的问题。

（4）提问要有主线，相关的问题要放在一起。

（5）提问前要做功课，不要提那些人人都知道的问题。

（6）问题是“动”的而不是“静”的，要通过问题呈现出人和事件的变化。

一起来试试

请你试着用以上方法组织若干问题，并采访一位你身边的人。

如何避免“尬聊”？

大家都遭遇过和人“尬聊”的情况吗？如果“尬聊”在采访中出现，那可是非常糟糕的事情。

小闻老师，你在采访时遇到过“尬聊”的情况吗？

怎……怎么可能，老师那么厉害！

老师，我感觉你有点心虚哦！

大家知道游泳选手傅园慧和她的表情包吗？其实，这些表情包的出现也是源于一次采访，让我们去看看记者当时问了哪些问题——

问题 1：你游出了个人最好成绩 58 秒 95！

你一定发现了，这不是一个提问，而是一句陈述，但考虑到比赛结束的第一时间，旁人比运动员更清楚确切成绩，因此也无可厚非。

问题 2：今天这个状态有没有为决赛保留实力？

这是一个封闭式提问，采访对象只能表明“是”或“否”，记者往往会获得一个再简单不过的回答。傅园慧的回答是：“没有保留！我已经用了洪荒之力了！”在回答问题的同时还催生了一个现象级的热词。但需要注意的是，这是因为采访对象本身性格活跃且乐于交流，我们平时采访，还是要尽量少用封闭式的提问。

问题 3：对决赛有没有信心？

这还是一个封闭式的提问，而且它比问题 2 所能获取的价值还要少，而傅园慧的回答是：“没有！我已经很心满意足了。”这对于新闻本身没有任何价值。

◎ 多问开放式的问题

你可以问对方“有什么特别的细节可以和大家分享？”“对于自己今天的表现打几分，为什么？”“比赛和之前的训练有什么不同之处？超水平发挥的原因是？”“在备战决赛的过程中会做些什么？”等。

◎ 提问之前做好对采访对象的功课

了解采访对象之前取得的成绩和工作进展，如果是运动员，要知道他此前个人的最好成绩；如果是艺术家，要知道他的成名作和代表作；如果是教育工作者，要知道他的教育理念。不要问人们都知道的陈旧的问题，也不要问一两个字就能交代的问题。

在这里，小闻老师想到了一个例子：主持人在节目中采访周华健，她问周华健数学成绩好不好？周华健自我调侃说“不好”，主持人就信以为真了。节目播出后，引起了不小的反响，因为熟悉周华健的人，尤其是他的粉丝都知道，周华健是数学系毕业的，他曾经向往的职业是数学老师。

说完了封闭式的“尬聊”，让我们再来说说另一种“尬聊”——无节制的“尬聊”。有时，明明采访对象不想再说下去了，记者却还要刨根问底地追问，往往会适得其反。

小闻老师曾看到过一场这样的采访——

那是一个谈话类的节目，主持人采访一位演员，提起了他女儿早恋的问题。演员道：“我不干涉女儿感情上的事，我女儿 14 岁时就有喜欢的人了。”其实，这位演员已经间接地表明不想谈及女儿的事，但主持人没有领会到，而是依旧继续追问：“如果女儿的男朋友真的是你不喜欢的，你会说吗？”这时，这位演员已经有点不悦了，他只是回了一句：“又不是我嫁给他。”话题在一种尴尬的氛围中结束了。

通过这个例子，小闻老师想告诉大家，采访不仅是技术层面的，也是感情层面的。学会察言观色，了解采访对象的感情变化，对于记者把握采访的走向是非常重要的。

小闻老师说

避免采访时出现“尬聊”的宝典：

（1）采访前做足功课，了解采访对象的背景。

（2）不要提封闭式的问题，多问开放式的问题。

（3）从采访对象的话语中体会他的感情变化，当感到问题令对方不悦时，及时变换问题和提问方式。

一起来试试

想一想，如果遇到一个时间非常有限的采访，怎么在短时间的交流中提出有质量的问题呢？

第三节　随机应变的妙招

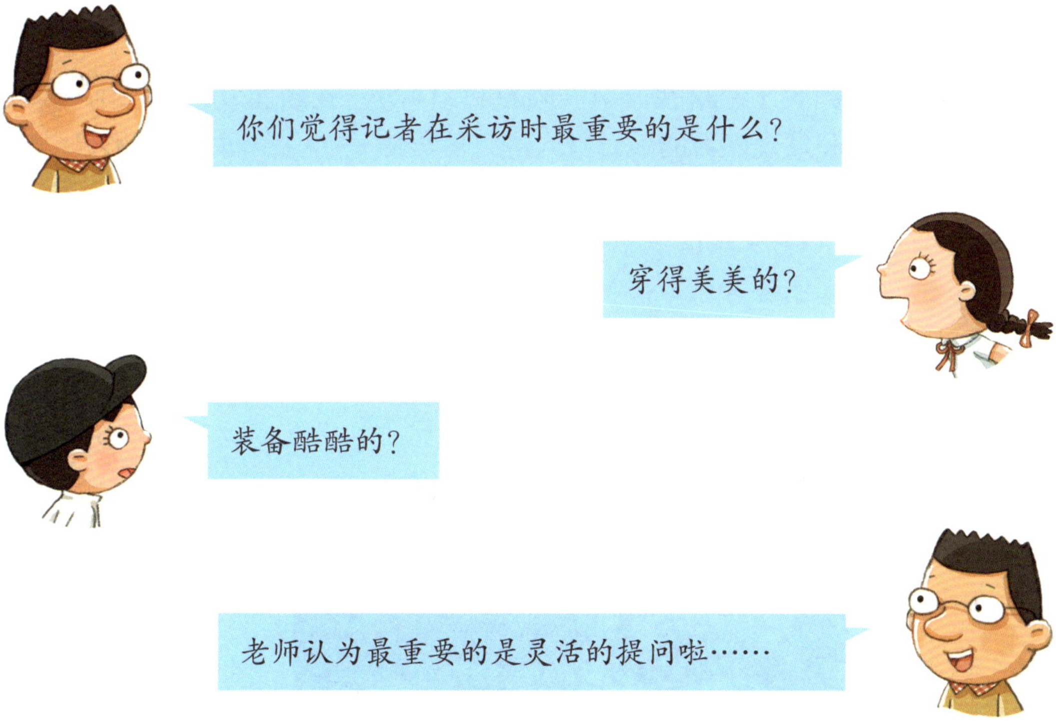

采访非常考验人的反应能力，采访没有公式，也没有标准答案。也许你要说我们不是预先准备了采访提纲吗？可是，即使有采访提纲，也不能保证实际采访就能完全按照提纲进行，因此，在采访中，记者必须随时准备好应对突如其来的变化。

问题被别人提了，怎么办？

相信大家在学校里都有这样的经历：老师问大家一个问题，你本想举手回答，结果发现老师先点了另一位同学回答，他把你想说的抢先说了出来。如果在集体采访中，有记者把你想问的问题先问了，那你不仅失去了一次提问的机会，还失去了一次亮相的机会。

好在就像我们说的，“采访没有公式”，我们尽可以准备和他人不同的问题。

之前的篇章中，很多记者已经通过自己的经历告诉大家了，在采访时要多准备一到两个问题。同时要注意，对这些问题要“一视同仁”，不能因为有的问题是备用的就草率准备，因为最后被正式提出的很有可能是那些备用问题。

小闻老师想起了自己几年前经历的一次采访——

上海科技馆回收了陨落在云南的陨石和陨石坑，在新闻发布会现场，媒体记者对馆方代表和发现陨石的陨石猎人进行了集体采访。小闻老师也作为记者来到了现场，小闻老师事先准备了 3 个问题，它们是：

（1）以往天文学家或陨石猎人都是回收陨石，为什么这一次会回收陨石坑？陨石坑对探索宇宙有什么科学价值？

（2）陨石和陨石坑从被发现到运送至上海，经历了两个月时间，为什么会间隔那么久？当中发生了什么？

（3）陨石猎人是做什么的？喜欢天文的青少年可以成为陨石猎人吗？

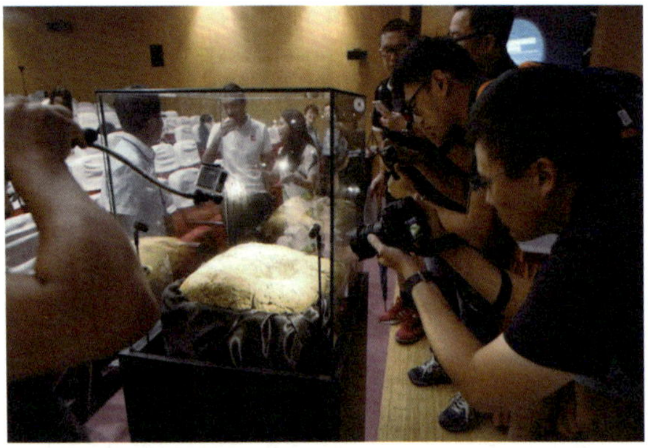

请你想一想，最后在发布会上，小闻老师提了哪个问题？为什么呢？

不卖关子啦，小闻老师最后提的是第三个问题，其中有几点原因。首先，小闻老师没被第一个请到提问，第一个问题被第一个请到的媒体记者问了，显而易见，只要被首先请到，几乎任何一家媒体都会问第一个问题，这是本次新闻最核心、最有新闻价值的点。而第二个问题也被接下来的媒体记者问了，这其实不是这一新闻事件最核心的问题，但其中的答案却很有故事，一些敏感的媒体记者都通过新闻统发稿发现了从陨石被发现到运达上海，有两个月的时间差，其中的故事可能会激起读者的兴趣。第三个问题，是小闻老师在看事先发给媒体的新闻统发稿时发现的。陨石猎人是做什么的？其他媒体可能会一笔带过，但小闻老师是《少年日报》的记者，他的读者对象是青少年，他们之中有很多人热爱天文，憧憬着去“冒险”，对“陨石猎人是做什么的”充满新鲜感和好奇心。因此，小闻老师结合自己所在媒体的读者特点，准备了这一问题。这是其他现场的记者都没想到的。

小闻老师说

采访没有公式，但不代表可以随意提问。你可以在采访前多准备几个问题，以备不时之需。采访中要根据现场实际情况提相关的问题，甚至可以调整问题的内容和提问的方式。

● 一起来试试

如果你在到达采访现场后发现，约定好的采访对象在采访前邀请了一位事先没有提及的人一起参与采访，你该如何应对？

“抢”不过大记者怎么办？

老师你说了那么多，可也要我能“抢”到话筒呀。我们个子那么小，和大记者同场采访，怎么才能获得提问的机会呢？

说到这个话题，我想起了一件事……

几年前，小闻老师带着两位小记者参加了一次科技条线的新闻发布会。三位中国航天员在现场接受了全市媒体的采访，小闻老师带着小记者来到现场。媒体记者纷纷举手，在被请到后自报家门并开始提问。小记者举起的小手被淹没在了人群中，心里那个急啊。

怎么办？这时，出乎小记者和小闻老师意料的一幕出现了。只见一位航天员起身走到记者采访区域，走到小记者面前，把胸前佩戴的鲜花取下，戴在了小记者的红马甲上，并和小记者亲切交流起来。看到这一幕，现场的记者纷纷把相机对准了航天员和小记者。更令小闻老师惊喜的是，在之后的市领导接见航天员的活动中，所有媒体都没有受邀进入会议室，而小记者受到航天员的邀请，获得了进入会议室的机会。由此，在这次采访中，小记者获得了很多独家的新闻素材和独特的采访视角。

这次采访后，小闻老师总结了以下经验：

（1）小记者要充分利用自己的身份优势进行采访。

（2）因为个子小，所以在集体采访时要尽量站在第一排，即使是靠边，也比站在第二排好。

（3）一定要穿着小记者统一服装，比如红马甲，以便引起采访者的注意。

（4）有时候，小记者可以钻过其他记者的人缝，来到采访对象面前。一定要冲得出去，不要紧张害羞。

（5）大多数采访对象都很重视小记者，主办方也往往会特地留给小记者一个提问的机会，因此一定要有所准备，千万不能抱有“反正我不会被请到，就不准备问题”的想法。

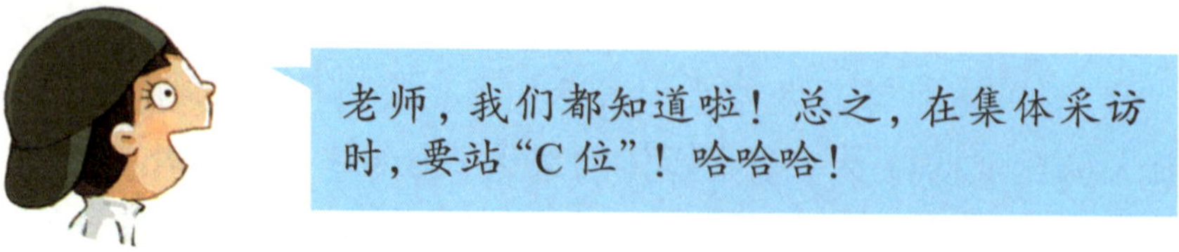

说到这里，小闻老师还发现了一个有趣的现象：和其他媒体记者相比，小记者更容易被采访对象反问。因为未成年人是祖国的花朵，也可能是采访对象看到小记者联想到了自己的孩子，又可能是想通过小记者了解一下未成年人群体的普遍想法。总之，这种友善的反问经常发生，如果应答好，既是对新闻内容的补充，也是对小记者形象的绝佳展示，肯定是加分项。

小闻老师说

小记者采访有优势也有劣势，重要的是尽量发挥自己的优势。除了穿着引人注目的红马甲外，最关键的一点是要胆大心细，在恰当的场合、合适的时机，要勇敢地站出来，大声而自信地提问。

一起来试试

在采访中，你向受访者提问“如果少年儿童在马路上遇到老人摔倒，是不是应该上前将他扶起”时，采访对象反问你：“如果是你会怎么选择呢？”这时，你该如何回答？

第四课　采访的方式方法很重要

第一节 采访方式知多少？

小记者常用的采访方式

不同的采访方式有不同的特点和作用。我们根据不同的采访任务、不同的采访对象、不同的采访场合，采取不同的方式进行采访，可以大大提高采访的成功率。那么，常用的采访方式有哪些呢？

◎ 采访方式：个别访问

小记者常用指数★★★★★

定义：小记者与采访对象一对一。

特点：小记者可以随时提问，让采访对象把事件、问题、细节谈深谈透，能够直接而迅速地从采访对象那里获取更多的新闻材料。

画重点：个别访问大多是与采访对象面对面地单独交谈，这就要求小记者面对采访对象时，尤其是面对自己的校长、老师、长辈时，不能缩手缩脚，要敢于发问，善于提问。

小闻老师，我们在电视上经常会看到记者手拿话筒，对某一位采访对象进行提问的镜头，都是个别访问吧！

没错，个别访问也是大记者们使用最多的一种“常规武器”。

◎ 采访方式：集体采访

小记者常用指数★★★★★

定义：由指导老师带领一群小记者共同去采访某一个人或某一件事。

特点：多名小记者一起采访，采访的气氛会更热烈、更轻松、更愉快，能消除小记者的紧张感，也有利于小记者相互启发、相互提示、补充提问、互相学习、补充采访笔记等，能够更多地获取真实、全面的新闻素材。

画重点：

主动提问。采访时间是有限的，小记者如果不积极主动发问，被别人抢到机会，自己就得不到锻炼的机会啦！

问题要简练准确。许多小记者向一个采访对象提问，你提出的问题不够准确和简练，就不会引起采访对象的重视，得不到满意的回答。

开动脑筋多思考。要集中精力认真听、认真记其他小记者提出的问题，避免重复提问，同时，也要紧紧围绕报道思想，补充其他小记者遗漏的问题。

◎ 采访方式：会议采访

小记者常用指数★★★★☆

定义：小记者成为被邀请对象，参加会议进行采访。

特点：小记者身临其境，亲耳听，亲眼见，能直接获取更真实、更准确的新闻素材。

画重点：在重大活动前的媒体通气会、新闻发布会上，记者从领导讲话和有关人员的发言中，还能发现很多新闻线索，抓住这些新闻线索，也能采写出更多更好的报道来。

小闻老师，新闻发布会是不是就是为记者专设的?

是的，每逢会议，尤其是重要的会议，都少不了记者采访。

◎ 采访方式：开座谈会

小记者常用指数★★★☆☆

定义：小记者就某一个主题，邀请一些相关的采访对象来座谈。

特点：适合于对一些比较重要的事件和人物的典型报道。小记者可以在较短的时间内，广泛地了解情况，大量地搜集素材，取得事半功倍的采访效果。

画重点：如果老师要求你完成一篇人物采访稿——采访身边的好队长，这时，你就可以召集与采访对象相关的队员、老师一起开个座谈会，既节约时间，又可以让他们互相启发、补充采访资料，甚至连材料真实性也可以一起当场验证了。

听上去，这个形式的采访中，小记者占绝对主导权嘛!

是的，就要看小记者是不是有能力把握住采访机会，采写出有价值的内容了。

◎ 采访方式：电话采访 / 视频采访

小记者常用指数★★☆☆☆

定义：通过电话或视频通讯对采访对象进行采访。

特点：解决因时间紧迫、路途遥远、采访对象不在本地等客观原因造成的采访不便。

画重点：其实电话采访一般都是作为现场采访的补充手段来使用的，用电话了解、核实某一个事实、某一个细节等。小记者应该深入实际、深入现场进行面对面的采访，凡是能够亲自到达的新闻现场，尽量不用电话采访。

我觉得电话采访很方便呀，随时随地都可以进行。

小记者要多多学习专业记者，珍惜每一次面对面采访锻炼的机会。

小闻老师说

适合小记者的采访方式一般就是以上这些，个别访问、集体采访、会议采访、开座谈会和电话/视频采访。面对不同的采访对象、不同的采访时间，以及不同的采访场合，我们应该相应地选择不同的采访方式。

一起来试试

除了这些采访方式，其实还有不少采访方式，你知道有哪些吗？它们有哪些特点呢？

小记者要随机应变

如果遇到采访对象当天心情不好，不愿意接受采访，那采访稿不是要“开天窗”了？

要是记者都像你这样一遇到挫折就退缩，那怎么行？

碰到这样的情况，小记者就要学会察言观色。总之，小记者要“以万变应万变”，采访中随机应变，这不仅仅是一种方法，也是一种能力，是记者综合素质的能力体现。小记者要多多在实践中积累经验。

◎ 当采访对象、采访环境等有变时

采访中，往往会遇到这样的情况，已经确定的采访对象、采访时间或采访地点，因特殊情况发生变化，导致采访不能如期进行。这时，就需要小记者随机应变，努力争取采访时间。

比如下面这位小记者——

无数次采访中，给我印象最深的是对《新民晚报》晚间值班室记者王勤俭老师的那次专访。那次独立采访让我历经了千辛万苦，但也让我学习到了许多成为一名优秀的小记者必须具备的素质、道德和挖掘新闻素材的本领。

每个记者对自己的第一次独自采访都会感到紧张而又充满信心，我也是如此，总希望在这次之后我可以飞得更远。那是一次很独特的采访，在半夜展开。我体验了夜间记者的生活和工作，感受到了他们那充满刺激的采访经历。因为是第一次独自采访，我不免有一些紧张，常常会忘记那些应该抓住的细节。

回到报社后，指导老师告诉我犯了哪些错误，并给我争取到了第二次机会。对第二次机会，我当然格外珍惜，希望自己可以捕捉到更多的瞬间，发掘第一手资料，告诉读者我所见到的一切。因为王勤俭老师工作很忙，于是我主动要求跟随王勤俭老师，在这个城市中穿梭着，去发现、去寻找社会上发生的大大小小的事件。我争取到了更多采访的机会。

小记者　卞梦婕

小记者是不是也要“脸皮厚”？

用礼貌的方式去争取采访机会，成功了是惊喜，失败了也不要气馁。

◎ 当采访者自己不在状态时

采访中，记者自己有时候也会不在状态，错失了稍纵即逝的采访时间，这又该怎么办呢？

比如下面这位小记者——

最让我记忆犹新的一次采访是“十二芭蕾舞公主 MV 首发会”的活动，它给了我一次深刻的教训。

当时，指导老师派我和另一位小记者去现场采访。在后台，我们看见了 12 位“小公主”。根据老师的指导，首先要记录下被采访者的学校、年龄和姓名。可是，当他们留下了这些基本信息时，我们两个谁也没有进入状态，都提不出什么有价值的问题。采访时间有限，我们依旧处于游离状态中，当舞台响起主持人的声音时，我们两个才意识到，采访结束了。

回家整理资料，我才发现本子上除了被采访者的身份信息，一点有用的内容都没有，根本写不出一篇像样的报道来。怎么办呢？看来只好发挥我的想象力了。但是我自己越看越觉得这篇报道好像不太真实，最后，我还是认为，既然要写，就不能自己瞎编乱造。

通过妈妈的提醒，我才猛然想起来，在 12 位“公主”中，有一位“公主”是指导老师的女儿。经过了反复的思想斗争，我鼓起勇气打电话给老师，想要重新采访。这次，我做好了充分的准备，拿出采访提纲，一个问题一个问题地问。我也欣慰地听到了许多我想要的东西，这让我一下子放松了许多。放下电话，我立刻动起笔来，鲜活的语句也“纷至沓来”……果然，在我的修改下，一篇死气沉沉的报道完全变了模样，文中的“公主”似乎活灵活现地在我面前笑着、跳着。

一次失败的采访加上一次成功的补救，等于一条宝贵的经验。也许你现在做错了一件事，但是只要想办法去改正、去补救它，说不定就会变成一件好事。

小记者　王淳

“亡羊补牢”的一次采访，不能算失败吧？

对她来说是一次特别难忘的采访经历。我们要学习她及时改正，“救”回一条新闻报道的精神。

小闻老师说

有句话叫“计划赶不上变化”，小记者进行采访时，经常会遇到意想不到的困难，随机应变，巧妙处理，才能使采访顺利并取得成功。当然，采访中的随机应变不是一蹴而就的，需要长时间的历练和实践，才能自如应对采访中的各种变化。

一起来试试

当碰到下面的情况，小记者该怎么随机应变？

情境一：Y学校的A学生做了一件好人好事，小记者得知后，与A学生取得了联系，约好了时间，请假来到Y学校对A学生进行采访。没想到小记者如约而至时，A 学生临时被其老师叫去做事了。小记者请假时间有限，这时，该怎么办？

情境二：小记者接到采访任务，在某户外快闪活动中找机会采访出席领导嘉宾，采访前与主办方取得了联系，主办方答应给小记者安排采访时间。没想到当天突降阵雨，小记者到现场后，主办方表示活动有可能会变动，采访不再特地安排。这时，小记者可以做些什么？

第二节　采访方法知多少？

小记者常用的采访方法

说完了采访方式，接下来我们来说说采访方法。

我都快被搞晕了，方式和方法有什么区别吗？

一字之差，当然有区别，方式是采访的形式，方法就是具体的实施过程。快拿好笔记，要记重点咯！

◎ 采访方法：上下结合法

画重点：这里所说的“上”，指采访对象的上级或了解采访对象的负责人，“下”指的就是采访对象。使用上下结合法，既要采访“上”，也要采访“下”。

比如我们要就体育特色对某学校进行采访，就可以先找到学校的校长，从校长这边了解学校整体的体育特色，然后由校长推荐某个体育特色的负责老师，找到这位负责老师后，还可以再了解有体育特长的学生。这就是自“上”而“下”。

原来是这样，那如果我认识了有体育特长的学生，是不是就可以直接去找他采访了？

可以的，但是报道的任务重点是学校的体育特色，所以你还是需要再自“下”而“上”，了解更多信息，丰富采访内容。上下结合的采访，有利于获取更全面、更真实的素材。

◎ 采访方法：现场观察法

画重点：小记者亲临现场，通过仔细观察获得新闻素材的一种采访方法。现场观察能够直接获得第一手材料，保证报道的真实和准确。

观，就是看的意思；察，是仔细看，包含调查、研究、思考、比较、辨别。采访时我们只观看不行，要观和察相结合，调动眼、耳、鼻、舌、脑一起参与，去看、去听、去问、去想、去体会，只有这样，我们才会了解新闻事件的内层和本质，使采访获得成功。举个例子，校园爱心义卖大家一定都不陌生，现场摆摊、布置、吆喝、买卖……当你仔细观察，写出来的稿子肯定能让没去现场的人也有现场感。

我觉得这个方法看起来简单，其实又不简单。

没错。

◎ 采访方法：问卷调查法

画重点：就有关问题向被采访者以问卷的形式进行调查的一种采访方法。采用这种方法，能在较短的时间内搜集到较多的新闻素材，并拥有一定的数据支持，使报道内容更准确、更全面。

我们学校统计过我们对学校午餐的满意度，用的就是调查问卷的形式。

其实，这个采访方法的重点在于问卷设计，要在问卷上设计出一系列精简、有价值的问题，就要事先了解相关背景资料。

◎ 采访方法：亲身体验法（体验式采访）

画重点：亲身体验法，也称之为体验式采访。它是指小记者直接参与到被报道的新闻事件中，亲身领会、体察、感受的一种采访方法。

近年来，这种生动活泼、贴近群众，具有较强现场感和可读性的采写形式风靡新闻界，很受读者欢迎。体验式采访是记者深入生活、体察民情的一种好方法，对于记者的思想作风和新闻写作都有好处。对于小记者来说，体验式采访可以让小记者有内容可写，有真情实感可发。

《少年日报》小记者所写的采访报道中，有不少就是通过体验式采访采写的。大记者会带着小记者们体验一场活动，或者参观一个场所，通过参观学习，最后向受访者提问，来完成采访和写作。

先体验后采访，想想就很好玩。

体验的时候别忘记小记者的身份，带着“新闻脑”去体验哦！

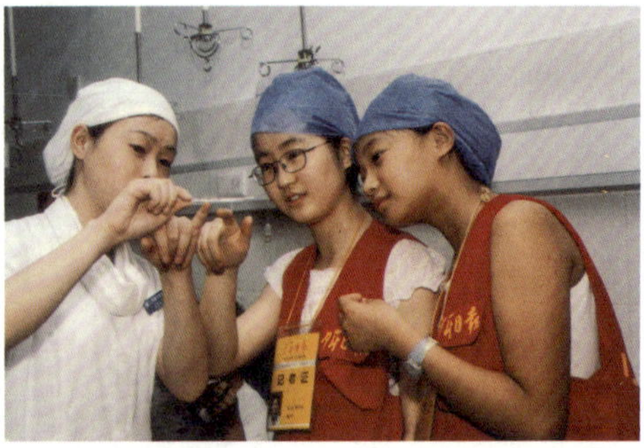

小闻老师说

上下结合法、现场观察法、问卷调查法、亲身体验法，这些都是小记者最常用的采访方法。有时候，不一定要单独使用这些方法，你可以结合不同的采访内容和采访对象，组合运用这些方法。

小记者还把体验式采访形象地称为“下基层”，其实，“下基层”没那么容易，对小记者来说体验式采访结合了参观与学习，它不仅仅是一种工作方式，更是一种开拓视野、学习新知识的手段。体验式采访也是做好所有采访的第一步，这与写作文要真情实感有异曲同工之妙。

● 一起来试试

接到采访任务，要求你就学校开设的一堂特色课程进行报道，这时应该采取哪种采访方法？

做好采访记录

做好采访记录，是采访过程中不可缺少的重要一环。不管是哪种采访方式，小记者都要养成认真记录的习惯，既要能记，又要巧记，要掌握采访记录的形式和方法。不但要记得快，记得多，还要记得准。我们在第一册《新闻的听读说》里，也提到过一些采访的记录方式，你掌握了多少呢？

◎ 用心记

用心记就是我们在采访时，将所见、所闻的材料记在脑子里。采访时用心记，便于我们边听、边观察、边思考。一般遇到客观情况限制，比如采访时间转瞬即逝，来不及拿笔和本子出来；采访时需以观察为主，不方便用笔记录时，需要用心去记。即使事后再用笔记录，第一时间还是要先记在心里。

用心记很重要。

对，小记者不可以忽视它，要在采访中多多锻炼。

◎ 用笔记

用笔记就是我们在采访时，当场用文字记录采访到的材料。用笔记录，小记者都不陌生，因为课堂听课，我们也需要用笔记下老师讲课的重点。俗话说得好："好记性不如烂笔头。"很多事情光用脑子记，时间长了容易忘掉，用笔记在本子上，就牢靠多了。

用笔记要学会速记、简记和补记。采访时要把采访对象的话一字不落地记录下来，这是不可能的。小记者平时可以多多练习，尤其是可以设计一些自己看得懂的简写代号或符号。比如“上海”可以写成“sh”，“社会主义核心价值观”可以写成“24 字”，速记可能字会潦草，简记可能会只有关键词，采访之后根据记忆，最好及时补充完整。

如果速记太多，一定要记得采访完及时补充完整。

是的，否则时间长了，自己都不知道记录的内容了。

◎ 用录音记

用录音记就是用带有录音功能的工具对采访对象进行原声原话的收录。录音记录的好处显而易见，录音时方便又省力。比较麻烦的是，事后重新播放整理比较烦琐。有一点必须注意，如果要在新闻稿中用到采访对象的原话，那么一定要在录音里找到，一字不差地记下来，这样才能保证材料的真实、可靠。

终于说到我最喜欢的录音记录了。

我觉得小记者不能偷懒，录音记录适合记录较长的采访资料，我们能用到的场合不多。

◎ 记录的整理

每次采访一结束，是不是就可以马上写新闻稿了呢？当然不是，因为这之间还有一项工作没有完成，就是整理采访笔记，并且要及时整理。有的小记者采访完后，觉得如释重负，就把笔记本往桌边一搁，过几天再说吧！谁知过了几天，再拿起笔记一看，都不知道自己写的是什么，甚至回忆不起采访时的现场情况。人都会有遗忘的现象，而且遗忘有一个特殊的规律——先快后慢。所以，采访一结束，就要抓住印象最深的“记忆的黄金时段”，立刻整理记录。因为印象深，自己就仿佛还在现场，能迅速回忆起许多重要的资料。

要怎么整理采访笔记呢？

这和课堂笔记的整理也是有异曲同工之妙。

首先，我们要通读笔记，一边阅读全文，一边回忆整个采访过程，将要用到的材料用波浪线画出来；再把当时来不及记下而在心里记住的材料，插入笔记中行与行之间的空白处；另外，仔细辨认笔迹，把文字、数据等一并整理好。

然后，再一次通读经过初步整理后的笔记，为笔记分页；同时，在写稿时可能用到的材料边上加上自己常用的符号作为标识，如◆、?、* 等。

最后，就可以初拟写作提纲了。比如，谈事件发生原因的用红笔勾出来；谈事件发生过程的用蓝笔勾出来；谈事件结果的又用绿笔勾出来……有了这些分类标注，一篇笔记就变成了一份初步的写作提纲，再加工一下，很快就能写出新闻初稿了。

小闻老师说

因为小记者阅历有限，对很多问题缺乏了解，用心记往往记不住，记住的东西也容易忘；用笔记录往往写字速度又慢，跟不上采访者的语速；而录音设备并不是小记者采访的必备工具。所以，小记者采访记录还是应该以心记和笔记相结合，有条件的情况下开启同步录音，这样，会使采访更加圆满完善。

总而言之，小记者要学会一边采访，一边记录，一边提炼主题，一边构思新闻稿的结构。当采访结束时，将笔记稍加整理，写起稿来就能事半功倍了。

一起来试试

对于小记者来说，这 3 种记录方式都可以借鉴。说一说你在采访中，最喜欢用哪种记录形式？在采访过程中，用笔记录的话，你有什么速记、简记的好方法？

第五课 会采访，也要会写采访稿

第一节　写稿前要整理素材

乐乐，刚才你在采访时一点也不怯场，采访本上也密密麻麻的，上面记满了笔记，真棒！

我正发愁呢！记了这么多素材，该怎么把它们变成一篇采访稿呢？

围绕主题选择材料

在采访的过程中，所获得的信息是多种多样的。就像我们看到的这份童童在采访卜博士时做的笔记，你能说出这次采访的主题是什么吗？里面记录了土壤动物的定义、种类、特性、作用、现场实验……这么多素材放在你的面前，该如何选用呢？

要根据你采访的主题来选择材料。确定哪些是采访稿的重点，重点的内容应该详写，次要内容可以略写，或者直接省去。当然，即便是重点内容，也不必把采访对象说的话全部照搬照抄写进稿子里，可以适当挑选主要的写出来，但一定要注意，不能断章取义，不然就会曲解采访对象的本来意思。例如童童笔记中记录的“目前科学家已经认识到的、生活在土壤里的螨虫有 5 万种”说明世界上至少有 5 万种螨虫。在写稿件时，可不能把“目前科学家已经认识到的”遗漏，不然整个意思就不一样了。

采访时间：6月8日　　　　采访地点：××学校
采访对象：自然博物馆的土壤动物研究员卜博士
采访笔记：

土壤动物：有一段时间定期在土壤中度过，而且对土壤有一定影响的动物。现在研究的是狭义的土壤动物，也就是土壤无脊椎动物。蚯蚓、蚂蚁……

土壤（来自静安雕塑公园）倒在瓷盘里，乍一看看不到土壤动物，它们藏在土壤里。

现场实验：支架、筛子、漏斗，便携式的土壤动物分离装置。把土壤加到筛子里，然后拿一个小罐子放在下面，再把灯罩装在上面，灯罩里的灯泡会发热发光，会把土壤动物"赶"进用石膏和活性炭制成的小罐子里（见右图）。

土壤动物的种类：
大型土壤动物：蚯蚓、蜘蛛、蜈蚣、马陆、步甲等。
小型土壤动物：螨虫、跳虫、双尾虫、原尾虫、小型昆虫等。
湿生小型土壤动物：线虫、线蚓、熊虫等。
原生动物：大变形虫、纤毛虫等。

马陆：像小火车。跟蜈蚣不一样，它不吃肉，吃的是树叶，掉落的枯树叶它会吃掉，性格也很温和。目前发现腿最多的马陆，长了700条腿，是一种生活在北美洲的马陆。不咬人。

步甲：腿细长，非常善于奔跑，性格比较活泼。它们喜欢藏在树叶下，如果你在树林里翻开树叶很可能会发现一只步甲非常快地逃走了。步甲还喜欢放臭屁，如果用手碰一下它，它会释放很难闻的气味。这是一种自我防御的行为。

螨虫：很细小，但是数量非常庞大，如果小朋友们去树林里抓一把土，可能就抓到了几千只螨虫，螨虫的特点是生存能力极强。目前科学家已经认识到的、生活在土壤里的螨虫有 5 万种。

跳虫：肚子上有一个叫“弹器”的东西，它喜欢吃蘑菇，性格比较活泼。

认识它们是什么，认识物种。

研究物种与环境有什么关系，它们之间有什么关系。

应用研究，如何利用土壤动物为人类服务。比如说，现在可以利用蚯蚓堆肥，处理有机物；用跳虫监测土壤的好坏。

卜博士是研究土壤动物的专家，在这次的讲座中，他给同学们介绍了很多种土壤动物，还现场给大家展示了怎样把土壤动物从土壤里分离出来。这个实验环节是整场活动的高潮，应该是童童要写的稿件的重点，需要详细描述。而她记录的各种土壤动物的特性，虽然也很有趣，但没有必要全部写到新闻稿里，只需要挑选一两种有代表性的、同学们都比较感兴趣的写就行了，而且在写的时候要时刻注意保证材料的准确。因为，真实是新闻的生命嘛！

乐乐不愧是小闻老师的得意门生，说得真棒！

小闻老师说

小记者在采访时做的记录，就好比是烹饪美食前准备的食材，但有了食材并不等于就做出了美味佳肴，要做出美味，还得对食材进行加工。同样，我们要想将采访所得整理成一篇采访稿，也得学会对材料进行整理和加工。

一起来试试

请在一次采访活动中记录采访笔记，用彩笔圈出你认为的重点内容，并说说理由。

采访时间：　　　　　　　　　　采访地点：
采访对象：
采访笔记：

1.
2.
3.
4.
5.
6.
7.
8.
9.
10.

抓住现场的细节

乐乐，你拿着笔却不动笔，在干吗呢？

我在回想当时采访的情景，回忆一些对我写稿有帮助的细节。

如果只写采访的过程，文章可能会显得有些单调，而采访稿的感染力要靠许多新颖、生动的细节来体现，尤其要注意抓住有特色的细节或情节。比如记者在一篇采访国旗班的稿件中这样写道：

“嚓嚓，嚓嚓！”9名英姿飒爽的武警战士，护卫着一面鲜艳的五星红旗，迈着矫健的步伐，从上海市政府贵宾厅向旗台正步走去。身材高大、年轻英武的国旗卫士，身着橄榄绿礼服、脚蹬黑色长靴，头顶上的警徽在霞光的映照下熠熠闪光。

武警战士甩臂标准有力，脚步整齐划一，鲜艳的五星红旗映红了他们英俊的脸庞。

从市政府贵宾通道到旗台大理石台前，正好40个正步，多一步不行，少一步也不行；每一步步幅75厘米，多一厘米不行，少一厘米也不行。9名国旗卫士正步来到台阶前，3名旗手列横队站立在旗杆下，撒旗手在护旗手的拱卫下，将国旗固定。随后，撒旗手挥动右臂，“唰”的一声，利索漂亮地画出一道弧线。一面长5米、宽3.3米、重27斤的五星红旗，伴随着嘹亮雄壮的国歌音乐，徐徐地向上升起。1分24秒的规定时间内，国旗升到26米高的旗杆顶部。五星红旗在霞光的映照下，迎风飘扬在上海市的中心地域，飘扬在共和国的蓝天下，飘扬在华夏儿女的心底。

节选自《解放日报》2017年7月1日　记者　李动

体态、衣着、动作……记者对国旗班武警战士升国旗的细节描写得非常生动、具体，让人在阅读文字的同时在脑海中也形成了清晰的画面，完全抓住了国旗班战士英姿飒爽的特点。这样的有特点的文章，怎能叫人不想接着看下去呢？

小闻老师说

我们在采访时，要学会观察，观察采访地点的环境布置，观察采访对象的外貌，观察采访对象的神态变化……这一切的细节或情节可以适当地在采访稿中写出来，这样的文章会更加丰富，也会更有看头。

一起来试试

在乐乐采访卜博士的笔记中记录着怎样自己发现土壤动物的方法。请找一位小伙伴完成这项实验，你要对这位小伙伴进行采访，并做好笔记。然后，根据实际情况，结合本节知识点，整理你的采访素材。

探索土壤动物

材料：一个小筛子、一个小碗、一盏台灯和一把放大镜。

步骤：

（1）去小区绿化带或公园的树林里挖一小袋土壤带回来。

（2）在小碗里加半碗水，把挖回来的土加入小筛子中，再把加了土的筛子架到小碗上。

（3）把碗移动到打开的台灯下，让光对着土壤。

（4）1～2 小时后拿掉筛子和土，用放大镜观察小碗中的水面。

第二节 写稿就像“搭房子”

新闻六要素必不可少

小闻老师，我已经整理好采访素材了，接下来是不是就像我们平时写作文一样去完成就可以了？

童童，你说的对，也不对。

啥？到底对不对？小闻老师你可把我们给说糊涂了，这是怎么回事？

在19世纪80年代，西方新闻界把五个W作为新闻写作要遵循的“五要素”。5W分别代表：

Who （何人）——新闻事实的主体人物
Where （何地）——新闻事实发生的地点
When （何时）——新闻事实发生的时间
What （何事）——新闻事实发生的过程
Why （何因）——新闻事实发生的原因

后来，又增加了一个“H”，也就是How（如何），表示结果怎么样。5W+1H，被人们称为新闻六要素。

新闻写作可以说是一种特定的写作，既然是写作的一种，那么基本要求当然是相同的，但是它必须具备新闻的特性和特点。所以，写新闻与写作文还是有差别的。我们来对比一下就更清楚了：

真实是新闻的生命，而作文是可以想象、虚构的；新闻六要素必须齐全缺一不可，而作文六要素可以根据实际需要变得含糊；新闻是对新近发生的事实的报道，而对作文来说并没有时效性的要求。

小闻老师说

在一篇完整的新闻稿件中，一般情况下需要具备新闻六要素（5W+1H）。每写完一篇新闻稿后，小记者都要检查一下，看这些要素是否齐全，不齐全的地方要尽可能补上（当然，必须是真实的，不能虚构）。对于一些目前还没有结果的新闻也要有所交代，比如：本报将继续关注此事，请留意本报明天的相关报道，等等。

● 一起来试试

这是一篇《少年日报》上的小新闻，你能找全文章中的新闻六要素吗？

带着爱心去旅行

前不久，上海市静安区教育学院附属学校的10位学生和家长志愿者远赴千里之外的广西壮族自治区南宁市隆安县城厢镇敏阳中心小学开展“献爱心、互学习”社会实践活动。

静教院附校的同学们给敏阳中心小学的弟弟妹妹们带去了文具、书籍和爱心捐款。在当地小朋友的家里，两地小伙伴们一起包粽子，还高兴地聊起了广西和上海两地的习俗。

参加这次活动的同学和家长表示，将继续“带着爱心去旅行”，走进更多的山区，传递温暖，感受温暖。

Who　（　　　　　　）

Where　（　　　　　　）

When　（　　　　　　）

What　（　　　　　　　　　　　　）

Why　（　　　　　　　　　　　　）

How　（　　　　　　　　　　　　）

常见的新闻写作结构长这样

写稿就像搭房子，房子有屋顶、墙面和地面，还有门和窗，这些都必不可少。一般来说，新闻类的稿件也有自己特定的结构，接着我们就来具体看看。

开头：直接点明新闻六要素；利用相关主题的知识作为引语引出下文。

主体：简要介绍一下今天采访或是参观的内容，分成几个大的部分，从主体的开头开始梳理整个文章的条例，挑出要写的重点，避免报流水账。挑选你最感兴趣或是本次采访的重点，可以从感官上的特别之处（所见、所闻、所体验）谈自己的感受。

结尾：可以使用倡议、联想、结合现实生活等手段来起到点题和概括全文的作用，而不是简单地写“通过这次采访我学到了很多”之类空洞的话。

细节：在使用一些专业术语和采访时收集到的数据要准确而谨慎，这是对于小记者采访时做的笔记和观察力的考验，要知道错误的数据和用语是不应该出现在文章之中的。

小闻老师说

新闻稿要具备新闻的特点，也有不同的文体，但是与写文章一样也要讲究“凤头、猪肚、豹尾”，也就是说开头要像“凤头”一样优美、漂亮，主体部分要像“猪肚”那样充实饱满，文章结尾得像“豹尾”那么有力量。

一起来试试

将绘画的快乐传递

“同学们，今天我们来上一节爱心创意绘画课，我们要画一幅属于自己的爱心。”9月6日下午，上海市闵行区启音学校的校园里，走进了两位特殊的“老师”。这两位“老师”，是上海市世界外国语小学三（2）班的张佳宜同学，和她特地请来的顾晓圆老师，她们来给五（2）班的同学们上一节特殊的绘画课。

课堂上，张佳宜认真地指导着患有听障的哥哥姐姐们：有时候，在黑板上做示范；有时候，和哥哥姐姐一起选配色……半小时以后，10名同学全部完成了自己的作品，画了一颗美丽的爱心。课后，同学们纷纷表示很开心。张佳宜告诉记者：“我很喜欢画画，觉得绘画是一种享受，一份快乐。现在能将这份快乐传递给身边的同龄人，让听障儿童得到同龄人的关爱，我很开心！”

启音学校政教主任陈慧老师说，听障儿童的模仿能力很强，但创意稍有欠缺，美术课可以激发听障儿童的创造力和想象力。这样由同龄人带来的创意美术课，更能激发同学们对艺术的兴趣和喜爱。以后每月一次的课程将覆盖全校学生，让全体学生受益。

张佳宜3岁开始学绘画，经常在各级绘画比赛中获奖，还有自己的微信公众号。她从读幼儿园的时候就开始跟着爸爸妈妈一起参加各种公益活动，每年都有作品参加爱心义卖，并将义卖所得捐赠给鲁冰花舍的孩子们。在了解到听障儿童对艺术都特别喜爱这一信息后，张佳宜就想着，何不使用自己的特长，来帮助那些有听力障碍的同龄人呢？把自己的这一想法告诉妈妈后，妈妈非常支持，但提了一个建议，既然要帮助同龄人，就要提供最专业的帮助。于是，张佳宜拿出了自己的压岁钱，请自己的美术老师每月来为启音学校的同龄人上绘画课。此外，她还用压岁钱为学校的108名同学购置了全套美术用品。

张佳宜说，她还有个小小的心愿，希望一年以后，能为这些听障的同龄人举办一个画展。

《少年日报》2016年9月23日　记者　马晓敏

这是一篇《少年日报》大记者写的稿件，请你根据刚才所学的新闻稿件结构，对这篇文章进行分析。

第三节　写稿要用“新闻话”

乐乐，你看，我把上次我们采访卜博士的内容，按照之前小闻老师教我们的方法，写成采访稿啦！

一起寻找土壤里的小精灵

6 月 8 日，自然博物馆土壤动物研究员卜博士来到 ×× 学校，为全校同学带来了一场关于土壤动物的科普讲座。

卜博士通过视频和图片教大家认识了土壤动物，也就是有一段时间定期在土壤中度过，而且对土壤有一定影响的动物。现场，卜博士还使用土壤动物分离装置，把土壤动物从土壤中分离出来，装在石膏和活性炭制成的混合物里。通过放大镜，大家看到了在混合物上爬的土壤动物。卜博士告诉大家，分离出来的土壤动物将被制作成标本，然后科学家们再用显微镜对它们进行物种鉴定。

据了解，科学家研究土壤动物是为了了解它们与环境的关系，以及它们之间的关系，以便研究如何利用土壤动物为人类服务。讲座接近尾声时，卜博士还向大家介绍了探索土壤动物的简便方法，鼓励大家走到大自然中去，探索自然的奥秘。

我觉得你这篇稿子的新闻六要素齐全，也突出了采访的重点，可不知为什么，读起来就是怪怪的，有些地方让人看了不太明白。要不我们一起去请教小闻老师吧！

新闻语言要准确、清晰

我们在写新闻稿件时，要把自己采访来的内容写得既符合事实原貌，又不会让读者看不懂或产生歧义和误解，那就要下功夫认真研究和准确使用新闻语言。这里的新闻语言，其实指的就是新闻作品的语言。新闻作品是建立在真实的基础上的，一是一，二是二，来不得半点虚构，所以新闻语言可不能像文学语言那样恣意夸张，也不能像科学家写实验报告、学术论文那样使用各种抽象的、概念性的表述。新闻工作者应该有自己的一套表达方式，有自己的语言特点。

先来说说准确。在新闻界，素来把“准确、准确、再准确”奉为新闻写作的格言。翻看之前童童的采访笔记，我们得知科学家们“现在研究的是狭义上的土壤动物，也就是土壤无脊椎动物”，而童童在新闻稿里写的是“土壤动物，是有一段时间定期在土壤中度过，而且对土壤有一定影响的动物”。显然，这样的表述并不准确，要知道，兔子、老鼠、蛇等这些动物在泥土中也有家，但它们并不属于科学家们目前正在研究的土壤动物范畴。

再来说说清晰。小记者写的新闻稿要具体形象、简洁明了、通俗易懂。拿童童的文章来举例，文章里童童说分离出来的土壤动物，会被“装在石膏和活性炭制成的混合物里”，这样的表述如果给成年人看，可能没什么问题，能看懂，但对于没有接触过任何化学知识的小朋友来说，就显得有些深奥了。如果童童用新闻话把它“翻译”一下：“土壤动物会被装到特制的人造土壤里”，这样一来，大朋友小朋友就都能看明白了。

我明白了。如果采访对象在回答你的问题时，使用了一些比较专业的、晦涩难懂的内容，小记者在写新闻稿时可不能简单地照搬照抄，而是需要把这些内容用新闻语言进行“翻译”和“改写”，转化成大家都能看懂的“新闻话”。

哦，原来是这样啊！

5G 作为下一代的移动通信技术，人们最关心的可能是它的速度到底能有多快？目前，通过 4G 网络下载一部 1 千兆字节（GB）大小的电影估计要 30 秒左右，如果用 5G 网络，不到 1 秒就能完成，就是一眨眼的工夫。再举个形象的例子，要是把 2G 的速度比喻成蜗牛，3G 是乌龟，4G 是兔子，那么 5G 就堪比猎豹了。

这段文字来自《少年日报》上的一篇科技新闻，在写到第五代移动通信技术（5G）的速度时，作者没有直接给出 5G 速度的数据资料，而是通过一系列形象的对比，让读者对 5G 的速度有了直观的印象。

小闻老师说

新闻稿的主要目标，就是让人看了这篇新闻后，产生的印象与事实真相一致，这也就是写新闻稿时要力求准确的原因。而为了能够表述清晰，有时候可以借助形象化的语言，来帮助大家理解你写的内容，特别是在使用一些数字或报道一些深奥难懂的科技成就的时候。

一起来试试

徐浦基地坐落在黄浦江畔，徐浦大桥旁，它承担着徐汇散装垃圾，长宁、黄浦、松江、闵行等区集装垃圾的压缩和转运任务。它是目前国内吞吐量最大、现代化程度最高，集压缩、中转、集运为一体的生活固废内河集装转运系统中

的重要枢纽。小科迷们发现基地里绿树成荫，完全不是垃圾成堆的场景。那垃圾在哪里呢？

原来垃圾被压缩了，装进了一个个巨大的集装箱里。每个集装箱能装 15 吨垃圾。14 点 14 分，中央控制室里，小记者们在实时屏幕上看到当日处理的垃圾量已达到 3300 吨。

以上这些数据，是《少年日报》小记者前往上海生活固废集装转运站徐浦基地时获得的。想一想，如果要你写这篇新闻稿，你会如何把这些数据呈现在读者面前，让读者看后有直观感受呢？

写能“打动人心”的稿子

新闻稿件要能打动人心，那你的“新闻话”还需要形象生动富有特色。怎样才能做到这点？

小闻老师为大家整理了一些。

（1）要尽力寻找有特色的字眼。采访对象常常会出其不意地讲出一些有特色的词或句，要抓住这些词句。

（2）注意长短句搭配，有节奏感。新闻稿的句式不能太长。太长了，可读性就差了。就像这句话“它是目前国内吞吐量最大、现代化程度最高，集压缩、中转、集运为一体的生活固废内河集装转运系统中的重要枢纽”，需要反复多读几遍才能理解它的意思。

（3）要多使用形象化语言。形象的语言会让人留下难忘的印象。“上海拥有 2400 多万常住人口以及 600 ~ 700 万流动人口，每人每天产生 1 千克左右的垃圾，每天垃圾量就超过了 2.6 万吨，平均每两周就可以堆出一幢‘金茂大厦’。”上海平均每两周产生的垃圾量就可以堆出一幢“金茂大厦”。这样形象的举例，怎能不叫人印象深刻？

（4）注意刻画富有特色的细节。比如要写一个刚出土的古代花瓶，只写“美丽”，不能给读者留下什么印象，要是在文中指出“这个花瓶有一个人那么高，颜色紫里透红，晶莹透亮”，这就把花瓶的特点生动地展现出来了。

（5）多用动词。连续使用动词可以展示一幅幅生动的现场画面，产生较强的感染力。

（6）交替使用表现手法。交替使用记叙、描写、议论等多种表现手法，会产生生动活泼的效果。

小闻老师说

以上六点是小闻老师为大家总结的经验，光背出来是没用的，要在实际中不断地加以运用。写出“打动人心”的稿子这项技能不是一蹴而就的，需要经过长期的积累与锻炼，贵在多写、多练。

一起来试试

谁让“值日”变了味

不想劳动雇人做

“今天我值日生，我出3元，有人愿意替我做吗？”“我来做！”“我也愿意，不要抢我‘生意’。”“那你们两个竞价吧，谁出价便宜，就谁做！”……这一幕发生在嘉定区某中学预备班的教室里。有同学不想值日，就用钱“雇佣”同学来做，有时甚至会“拍卖”，价低者得。“值日”俨然成了一件拍品。

拍卖“值日任务”的小张同学不以为然地对记者说：“我在家里做家务，妈妈就会‘计件’付钱给我。我不想做值日生，付钱给同学让他们做也很正常啊！”而参加“竞拍”的小王和小方也表示，赚点零花钱挺好。小张的妈妈告诉记者，为了培养孩子做家务的意识，提升孩子劳动的积极性，确实会给孩子金钱奖励，她没想到孩子会有这样的想法。

家长主动来包办

放学时分，本市徐汇区某小学学生小正的爸爸早早地到教室包揽儿子值日生的工作，擦黑板、扫地、拖地、排课桌……小正却不见踪影。原来小正放学后去上补习班，劳动任务就由爸爸代劳了。“怎么说也是学习重要，值日生就我帮他做了吧！”小正爸爸的一句话，道出了不少家长对劳动教育的轻视。

还有的家长则是抱着不放心的态度越俎代庖。三年级学生小梁说，他们班每周五都会迎来3位家长志愿者，不仅包干清洁日光灯、电风扇等有难度的劳动任务，而且把擦桌子、扫地等常规劳动也“承包”了。“我们做值日的时候，只要做做样子就可以了，反正周五家长志愿者会来打扫的！”小梁如是说。

犯了错误罚值日

在杨浦区某初中上预备班的小萌告诉记者，班级里有几个“值日生专业户”。他们并不是爱劳动，而是被罚劳动。每天，值日班长会记下被老师点名的同学名字。每周“上榜”次数最多的同学，下周就要受罚做值日。值日天数和劳动项目，也依“上榜”次数而定。“上榜”最多的同学要做一周的值日。

用劳动作为一种惩罚手段，并不是个例。违纪、没完成作业、迟到……受惩罚的原因也各式各样。老师们希望通过惩罚性劳动让同学们更加守纪律。然而，事与愿违。那些同学被罚做值日时心不甘情不愿，马马虎虎，而班级里的其他同学不仅失去了劳动的机会，也产生了“劳动有什么光荣的，不就是一种惩罚吗？”这种轻视劳动的想法。

《少年日报》记者　周雪鸥　何洁玮

俗话说“内行看门道，外行看热闹”，这是一篇获得上海新闻奖的新闻作品，请试着结合本章所学知识点，对文章进行分析，让自己获得更大进步吧。

第六课　号外号外，消息来啦

第一节　认识消息

消息，是用最简要和迅速的手段报道最近发生的事的一种新闻文体。也就是说，消息就是告诉人们最近发生了什么。它是新闻体裁的重要形式，是报纸、广播、电视、新媒体等新闻的主角。学会了写消息，就等于拥有了打开新闻写作大门的一把钥匙。在这一章中，童童和乐乐将跟着小闻老师学习消息写作。

消息和信息不是双胞胎

小闻老师，我在报纸上看到一些新闻开头有【本报讯】【新华社讯】，我想以“某某讯”开头的就是消息吧！

消息不仅在报纸杂志上有，在广播电视上有，在电子邮箱、微信里也有。我妈就告诉了我一条消息：6 月 18 日，各电商会有大促销。我的球鞋有着落了！

乐乐说得对，童童把消息和信息混淆了。虽然只有一字之差，可是它们不是双胞胎，我们一定要分清楚哦！

这是好消息，但不是消息——

好消息，好消息！

亲爱的影迷朋友，2019 上海国际电影节排片表来啦！请调好闹钟，6 月 8 日 8 点去淘票票抢票吧！

这才是消息——

第 22 届上海国际电影节明早 8 点淘票票准时开票

昨晚 21 时整，第 22 届上海国际电影节完整排片表上线。本届上影节仍将采取线上线下错时购票的购票方案：6 月 8 日上午 8 点，开启淘票票线上售票，上午 10 点，开启线下开票通道，6 月 8 日线上开票后至 6 月 15 日，支持 47 家影院跨影城取票。

在日常生活中，人们常常对信息和消息傻傻分不清。信息与消息有着密切的联系，但是它们两者并不是一回事。

小闻老师是这样区分它俩的。信息是内容；而消息是新闻报道的一种文体，是形式。打个比方，苹果可以直接吃，也可以加工成苹果汁。信息就像苹果，可以直接在社会上传播，人们可以直接接收；记者也可以把信息加工成消息，在新闻媒体上发表，人们可以通过阅读消息，获得信息。

校园里每天不断有信息产生，但不是所有的信息内容都值得写成消息。比如有老师生宝宝了，就是一条信息，可是我们小记者不会为此去采访报道。小记者团招募、学校获得“文明单位”称号、学校开始实行垃圾分类等与学校发展有关的比较重大的、有意义的，或师生比较关心的信息，小记者就要主动采写。对信息的分辨、筛选能力是一名合格小记者的素养之一；写好消息的前提就是对信息进行采集和筛选。

小闻老师说

消息和信息大家要仔细分清楚。消息就是经过加工的信息，人们可以从消息中获取想要了解的信息。

一起来试试

小闻老师提供了几条学校的信息，如果你是小记者，你会选择哪些线索去采访报道呢？

（1）学校将在 6 月 1 日举行少代会。

（2）四（1）班连续两周纪律分被扣。

（3）《少年日报》成了三（2）班同学的热门读物。

（4）五（1）班小刘同学获得了市少儿新闻大赛一等奖。

（5）学校取消低年级考试，改为智力大冲浪活动。

（6）童童捡到一只电子手表，交给了大队部。

消息就要“真”“快”“直”

参观徐浦基地的消息稿我已经写好了！每个“W”都有，活动过程也一步不落，字数有 600 多呢！

我觉得太像作文了，还是流水账式作文。

小科迷参观上海生活固废集装转运徐浦基地

5 月 11 日下午，“科普校园行”活动组织小科迷走进上海生活固废集装转运站——徐浦基地，揭开城市垃圾处理的“神秘面纱”。

下午一点，尽管烈日当头，但报名参加此次活动的小科迷们还是热情高涨。小科迷们首先来到会议室，徐浦基地的经理向大家生动介绍了关于生活垃圾的种种知识，展示了公司的主营业务与规模，让小科迷们从数据上对基地的情况有了一个认识。

在讲座结束后，小科迷们在工作人员的指导和带领下，戴好安全帽，踏上了探寻垃圾中转的“探秘之旅”。刚走进到陈列馆的大楼，一股强烈的酸味儿就侵入鼻腔，这是来自二楼垃圾压缩车间的气味。工人们要用压缩机把垃圾压成块，然后装进集装箱，污水流向污水处理厂，异味由吸风机排出。尽管徐浦基地的设备在国内已属先进，现场还是有着无法散去的浓浓异味。在大家纷纷捏鼻皱眉试图躲避这股气味的时候，我们看到车间中的工作人员依然在辛勤忙碌着。工作人员很平淡地告诉我们，在这样的环境中工作，他们早已习惯。

最后，小科迷们一起来到了转运码头。在这座码头上，每天要进行2500到3000个集装箱的转运工作。“看，江鸥！”随着一位小科迷的一声惊呼，大家顺着他手指的方向望去，果然看到几只江鸥正在附近盘旋。我们如今大力推广生活垃圾的分类处理，不仅是为了我们自己生活环境的清洁、美丽，也是为了这群自然的精灵能够更自由地舞蹈与飞翔啊！

童童的这篇消息稿不算一篇好的消息。整篇稿件缺少详略之分，细节上也有瑕疵。“首先”“在讲座结束后”“最后”，这3个短语虽然让文章条理清晰，却也使得“作文”的感觉很浓。在垃圾压缩车间参观过程中，没有人和工作人员交流过，所以“工作人员很平淡地告诉我们，在这样的环境中工作，他们早已习惯”这句为了突出工作人员辛劳的话，虽然生动，但却不真实。

好的消息一定要“真”“快”“直”。

“真”就是用事实说话，不作假、不虚构。这是作为消息的基本原则。新闻现场没有的，采访对象没有说的，我们不能靠脑补，不然就成写小说了。制造、传播假消息还可能触犯法律呢！事实是最有说服力和感染力的，新闻报道一定是事实内容客观、报道形式客观的，这样才有可信度。

“快”就是要及时报道。消息在各种新闻体裁中，时效性最强，对“时间新”的要求最高。要多快呢？2001年“9·11”事件，纽约世贸大楼第一次遭遇飞机撞击5分钟后，美国有线电视新闻网就开始向全球进行实况直播。我国媒体对2020东京奥运会上中国运动健儿比赛的报道，几乎以“立等可取”的速度播发。在比赛结束的半小时内，各媒体消息就“刷屏”了！

“直”是“真”和“快”在表达方式上的体现。一般消息以叙述为主，简明扼要，不用或较少用直接的议论和抒情。消息一般篇幅短小，几十字、百把字或几百字，所以也被称为“电报文体”。

大家还记得吗？2017年6月21日，新华社官微因一条极短消息火爆了朋友圈。

刚刚，沙特王储被废了

沙特国王萨勒曼21日宣布，废黜王储穆罕默德·本纳伊夫，另立穆罕默德·本·萨勒曼为新任王储。

小闻老师说

真实性是新闻的生命，消息自然也不例外。而“快”和“直”则是消息最显著的两个特点。消息强调以简单直接的方式，迅速地将新闻传播出去，所以，消息往往比较短小精炼。

一起来试试

这是一篇学生习作，请你根据作文提供的材料，改写出一条150字以内的消息。

无线联通你我的梦想

5月5日下午，第二实验小学无线电活动小组队员在潇潇老师的带领下，前往上海交通大学闵行校区，参加上海市青少年无线电活动日亲子对讲机综合通信的比赛。虽然天空一直下着小雨，但参加活动的同学和家长们仍然聚精会神、沉着冷静，手拿对讲机，认真抄收每一个报文。通过动手操作，大家对神奇有趣的无线电世界有了更直观的了解。本次活动既是一个比赛，也是一次教学普及活动，培养了同学们团结协作的能力，激发了他们学科学、用科学的积极性。通过此次活动，同学们还了解到：在外出郊游时，可以利用无线电取得联系，防止走失；当发生灾难时，可以迅速架设应急电台，建立通讯频道联系物资，为快速救灾做好保障。这个活动是由上海市科技艺术教育中心主办，上海交通大学电子信息与电气工程学院承办，上海市无线电协会、上海市无线电运动协会协办的。

第二节　学会写消息

消息要求短啊，太好了！写短谁不会，写长才难呢！

我觉得写短不容易，你看一次运动会有这么多项目，一个活动光校长讲话都几百字了……

写短容易，可写短又要写好是需要方法的。

消息写“短”方法多

消息写得短而好，方法有很多。

◎ 一事一报法

韩正：要把《少年日报》办成小朋友最喜欢的报纸

2017 年 1 月 14 日，中国人民政治协商会议上海市第十二届委员会第五次会议在世博中心召开，《少年日报》小记者穿着标志性的红马甲再一次走入会场采访。

在当天上午的全体会议后，小记者王孙子靖和李卓言作为全市少年儿童代表，向上海市委书记韩正伯伯递上了一份记录着全市少年儿童眼中美丽上海的作品集。在 2016 年上海市少儿新闻大赛中，全市少先队员以“发现美，记录美，传递美”为主题，在城市的每一个角落寻找美的足迹，并将它们以文字和图片的形式记录下来。少先队员们在寻访中不仅记录了许多建筑之美，更发现了可贵的人文之美。韩伯伯翻看了队员们的成果，并对此表示赞许。

今年是《少年日报》小记者连续第 5 年参与“两会”采访，也正值《少年日报》50 岁生日，韩伯伯高兴地接过一份最新出炉的报纸和记录小记者成长故事的《梦开始的地方》一书，向全市少年儿童爱看的这份报纸送上了生日祝福：“祝《少年日报》生日快乐，越办越好，一定要办成小朋友最喜欢的报纸。”（更多上海两会报道，请看本期二版）

《少年日报》2017 年 3 月 10 日　小记者　王孙子靖　李卓言
记者　杨嘉璐　何洁玮

《少年日报》小记者采访两会，一般会兵分几路，新闻素材很多，有采访市领导的，有代表委员说热点的，有会场花絮，有与青少年相关议案讨论等。这么多内容如果集中在一篇新闻稿里，那肯定是分不清主次，篇幅过长，所以小记者把从两会采来的新闻素材一一区分，一事一报。比如 2017 年《少年日报》的两会报道中，采访韩正伯伯的写一篇，代表委员解读解题 App 这个新事物的写一篇。这样，对小记者来说，写起来思路不容易乱；对读者来说，看起来也明白。

这个方法对报道学校举行的大型活动特别有用。什么艺术节、读书节、科技节，每个节都有开幕式和颁奖会，还有各种分年级的小活动，一事一报就清楚啦！

就像吃冰糖葫芦，一个个串成串卖，吃起来还得一个个吃。

童童说得很形象。

可是我们去垃圾中转站徐浦基地只有一个“糖葫芦”，没法用一事一报法来写。

◎ 取其一角法

一次活动、一个事件，要写得简短又不干巴巴，就可以用这种方法。除了把谁（Who）、何时（When）、何地（Where）、何事（What）写清楚外，在讲为何（Why）、过程如何（How）时，可以根据新闻事件的特点，有侧重地讲述。

童心放飞爱与梦

上海市黄浦区巨鹿路第一小学“童心筑梦 放飞爱与梦”学雷锋活动3月3日下午拉开了序幕。

各班的学生当起了“小店主”，和家长志愿者一起进行义卖。他们在操场上摆起了摊位。每个摊位都有自己的店名和学生亲手制作的爱心钱箱，各种叫卖道具一应俱全。在这些摊位中，三（2）中队的摊位特别引人注目。结合“中国诗词大会”的热潮，10多位学生身着汉服进行吆喝，更有一位学生现场展示书法艺术，别有一番古韵。这次义卖活动只是开始，爱心传递是不会结束的。

《少年日报》2017年3月17日　通讯员　刘佳盈

用英语吹响爱心义卖的号角

“How much is it?”“Ten yuan.”这可不是英语课，而是上海市静安区教育学院附属学校小学部“春风暖人心 爱心三月行”爱心义卖现场。3月14日，爸爸妈妈们走进校园，和同学们一同摆摊义卖。这次义卖会有一项特别的规则——不管是顾客还是摊主，都要用英语对话。

手拿着《爱心义卖英语用语手册》，一（3）班的韩泽华兴奋地穿梭在各个摊位间，他的一旁是五（3）班的王之涵。在操场上，这样的两两组合并不少见。“今天除了参加义卖，我们五年级的同学还有个任务——帮助一年级的弟弟妹妹学会用英语买东西。”王之涵向记者解释。不一会儿，小韩就看中了一个模型玩具。“Fifty.”听到报价，小韩掏出15元钱，却看到摊主摆摆手。一旁的王之涵告诉小韩，是50元不是15元。虽然最后小韩放弃了模型玩具，但他没有很失落：“这下我搞清楚了，fifteen和fifty是不一样的。”

“我们鼓励孩子们在义卖时大胆地说英语，感受学以致用的乐趣。”周璐蓉校长说，通过这样的活动设计，同学们既献出了一份爱心，又培养了自己的合作能力、社会交往能力和自我管理能力。

《少年日报》2017年3月24日　小记者　邱奕霖　李奕辰　记者　方园

都是爱心义卖，巨鹿路第一小学有满满的爱心和中国风，静安区教育学院附属学校则充满了学以致用的乐趣。活动各有特点，所以在写活动过程时选取的细节不同。

看我活学活用。

参观徐浦基地垃圾的“中途岛”

5月11日下午，“科普校园行”活动组织小科迷们走进了上海生活固废集装转运站徐浦基地，了解了垃圾中转的过程，体会到了工作人员的辛苦。

据徐浦基地经理介绍，徐浦基地的任务是垃圾的压缩和中端运输。在垃圾压缩车间，工人们要用压缩机把垃圾压成块，然后装进集装箱，污水流向污水处理厂，异味由吸风机排出。尽管徐浦基地的设备在国内已属先进，现场还是有异味。在小科迷们纷纷捏鼻皱眉地试图躲避这股气味的时候，车间中的工作人员依然在辛勤忙碌着。

堆满集装箱的码头上，在一个桥吊驾驶室里，桥吊司机正低着头操控着把装满垃圾的集装箱从车上运到船上。由于驾驶室是透明的，而且是铁质框架，在夏天这里就会成为“烤箱”。

如今，上海大力推广生活垃圾的分类处理，徐浦基地里的工作人员不舍昼夜地辛勤工作，都是为了环境更美，天空更蓝。

童童把参观徐浦基地的侧重点放在了不怕辛苦的工作人员上。消息有了重点，也更简洁了。像垃圾分类、开学第一课等全市性活动，我们都可以用“取其一角”的方法报道。重点报道一个点，最后概括性地写一下全市的情况。

虽然我们不能在一棵树上吊死，但是一棵树也可以代表一片森林。

◎ 概括事实法

消息要写好，概括能力很重要。写消息就像素描中的速写，比的是谁能快速、准确地用寥寥几笔勾画出事情的本质和特点。

“嫦娥”“玉兔”玩互拍

12 月 15 日晚，正在月球上开展科学探测工作的“嫦娥三号”着陆器和“玉兔号”巡视器顺利完成互拍。

地面上的科研人员很快收到了“嫦娥”“玉兔”传回的照片。照片显示，在月球虹湾地区布满砾石和尘埃的灰黑色月面上，“嫦娥三号”在阳光照射下金光闪闪，而“玉兔号”月球车“胸前”的五星红旗鲜艳夺目。

这次一分钟的互拍，实现起来却不简单。为了选个好背景，“玉兔”早早地行动了起来，在互拍前的几小时就驶向拍摄点。在这过程中，“玉兔”成功验证了月面行走、地形建立、视觉定位等操作技术。

接下来，“玉兔号”将绕“嫦娥三号”继续行驶，在进行科学探测的同时，从不同角度多次互拍。这些照片将用于后续科学探测，帮助我们更好地了解月球、发展探月技术。

综合新华社、新浪网等报道

读了这 4 段文字，我知道了互拍的时间、互拍了什么、互拍的意义，和接下来“嫦娥”“玉兔”要做的事情。

概括是字贵如金，说得太啰嗦就成了沙子。

小闻老师说

无论是一事一报法、取其一角法或者概括事实法，归结为一点，消息的写作必须凝练、简洁，不拖泥带水。

● 一起来试试

中国国家博物馆里有一件很萌的镇馆之宝，它就是陶鹰鼎。陶鹰鼎是六千年前新石器时代仰韶文化的陶塑，它很罕见地以鸟类为造型。请你用一句话叙述这组照片，要抓住特点哦！

（图片：何洁玮）

你知道“张小明”吗？

当然知道。张小明又叫 xiaomingbot，是写稿机器人，能 2 秒写稿，智能配图，超牛！

现在国内外很多媒体都有了会写稿的新闻机器人，它们是人工智能，会采集、分析数据，然后根据新闻六要素，写出新闻稿。所以，我们小记者想要不被机器人替代，就要让新闻“好看”起来。

让消息“好看”起来

你听说过“倒金字塔结构”吗？

“倒金字塔”就是头重脚轻的意思吧？“倒金字塔结构”是消息的一种写作形式。

美国南北战争期间，电报开始投入使用，记者的稿件通过电报进行传送。由于电报技术还不成熟，稿件传送时常会中断，于是记者们想出了一种发稿方式，把战况结果写在最前面，然后按事实的重要性依次写下去。据说这就是倒金字塔新闻写法的诞生。

1861 年 4 月 12 日，B.S. 奥斯本在一艘海军快艇的甲板上看到了对萨姆特堡的炮击，于是为《纽约世界报》发回了新闻稿——

4月12日电 炮弹开花，战争爆发。今晨4时，沙利文岛、莫里斯岛以及其他阵地的炮台向萨姆特堡开火，萨姆特堡予以还击，炮火激烈，经久不息……

这可能是第一篇以倒金字塔形式写成的消息稿。

1467个！ 8位师傅端午创下包粽子吉尼斯世界纪录

1467个！停不下来！6月7日端午节当天，上海都市频道的《人气美食》栏目在浦东LCM置汇旭辉广场，联合多家沪上知名的粽子店，挑战一小时包最多粽子的吉尼斯世界纪录。上海五芳斋、沈大成、绿杨村、上海老饭店、金泰粽、粽香、样样体面等著名点心铺派来了各家精英参战。最终，8人一组，在一小时内，创下了包1467个粽子的吉尼斯世界纪录。

第一教育2019年6月8日　小记者　石语曈　沈晅辰　王翊浩

记者　顾力丹

在这篇消息稿里，最重要的就是“1467”这个载入包粽子吉尼斯世界纪录的数字，所以记者把数字和其代表的意义放在了最开头。开宗明义，这是典型的倒金字塔结构。

小闻老师说

消息最常见的结构就是倒金字塔结构。所谓倒金字塔结构就是把最重要、最新鲜、最精彩的新闻事实放在最前面，把次要的放在后面。我们一般写消息是按照时间顺序，倒金字塔结构则是以内容重要性为顺序。

一起来试试

你能把下面这则消息改成倒金字塔结构吗？

艺术节上偶遇巨型“战象”

10月28日，《少年日报》小记者来到上海草坪音乐广场，参加了第20届中国上海国际艺术节以“未·玩城”为主题的艺术天空12小时特别活动。活动采取亲子式的嘉年华模式，12小时，7种玩乐方式，19场音乐盛宴。在活动现场，小记者们遇到了老朋友——来自上海木偶剧团的哥哥姐姐，还有最可爱的木偶。

“大象来了！大象来了！”在小观众们的欢呼声中，身高3.2米，体重80千克的“战象”嘎羧出现在音乐广场。这是上海木偶剧团创排的木偶剧《最后一台战象》中主人公巨型木偶“战象”嘎羧首次和观众见面。

据上海木偶剧团木偶制作中心主任马晓伟老师介绍，这头大象都是由上海木偶剧团的工作人员亲手打造而成的。它的制造不同于以往纯木制、纸制，或是藤条制作的传统木偶，而是采用了许多新的技术方法。参与“战象”部分设计和操作的蔡定相老师告诉小记者，他们一边制作，一边摸索，在经历了一年多的不断尝试、反复修改后，第三代战象终于和大家见面了。

第七课 通讯真的很好看

第一节　认识通讯

通讯是一种比消息更详细、生动地报道客观事实或典型人物的新闻体裁。通讯不仅可以用叙述和描写，也可以用议论、抒情等各种表达方式。在这一课中，童童和乐乐将跟着小闻老师学习通讯写作。

好通讯很好读

上海第二批 148 名医疗队队员驰援武汉

1 月 28 日，来自上海瑞金医院、华山医院等 51 家单位共 148 位医护人员所组成的上海第二批援鄂医疗队从上海虹桥机场出发，前往武汉援助应对新型冠状病毒感染的肺炎疫情。

她在“金银潭”默念：“要活下去……”（有删改）

罗春，复旦大学附属金山医院急危重病中心的一名护士，1 月 27 日，她和同事们一起踏上了援鄂的征程。1 月 30 日，她第一次来到武汉金银潭医院北三楼的重症监护室。“站在病房走廊的一头，都望不到尽头。”罗春能听到医疗仪器运转的声音和周围医护人员轻声的对话。“我的心脏‘怦怦’跳着，一位同来武汉的同事似乎看出了我的紧张，牵着我的手，细微的动作给了我一丝温暖。她熟悉地指导我穿好防护服，带着我走进病房。”

病房里，一位使用呼吸机的病人突然焦躁起来，不停来回蹭着身体。罗春来到他身边，习惯性地俯身询问。原来他要拉大便，怕麻烦护士一直没有说，现在已经忍不住了。罗春忙找来了便盆，放在他身下。病人示意让罗春转过头去。罗春安慰他：“没什么不好意思的，这是我们应该做的。”当时，这位病人的眼圈红了，冲着罗春微笑。

“肾上腺素 1mg 静脉推！”还有一次，医生们围着一位病人不停地下着急救医嘱。在现场的罗春持续不断地对病人做着胸外心脏按压，心里默念着：“要活下去，要活下去……”令人遗憾的是，这位病人年龄太大，基础疾病很多，医护人员最终还是没有从死神手中抢回这位病人。

每天都有激烈的抢救，每天都汗湿衣襟，罗春顶着起雾的护目镜，为病人做静脉输液、采血。她每次只能从眼镜的缝隙中查看，用戴着手套的双手反复摸着静脉，再确定下针。她说：“绝不能出一点错，要对每一位病人倾注所有力量。”

《少年日报》2020年3月合刊　记者　顾力丹

以上两则新闻都是关于2020年新冠疫情突发，上海医生驰援武汉的。第一则是消息，第二则是通讯。

为什么大家觉得通讯比消息好读呢？这是由通讯的特点或者说通讯和消息的差异导致的。

一眼看上去就能分辨的是通讯的篇幅比消息长。

消息要赶时间，快速地把信息如实传递出去。我们经常可以看到在新闻发布会现场，记者们不停在电脑上码字。那边还在答记者问，这边消息已经同步在写了，发布会一结束，消息稿已经在网络上发表了。可通讯没消息快，它追求的是深度、典型性。记者在新闻发布会上获取信息之外，还要去现场看看，还要采访当事人和知情人。收集全面的素材后，再从素材里选择材料开始写作。这就像酿酒一样，随着时间的流淌，越酿越香。

我知道了，就像第一篇关于上海医疗队驰援武汉的报道，让我们知道了出发时间、地点、人数、目的，可是要知道具体情况还要看通讯报道。

这就和看电影肯定比看电影介绍过瘾的道理一样。

小闻老师说

与消息的简练直白不同，通讯可以通过记叙、描写、议论、抒情等方式把新闻写得更加生动，所以，我们会觉得通讯更好看。消息是不发表观点的，通讯一般按主题选材，主题其实反映了记者的观点，还能议论和抒情，甚至还能出现“我”。

一起来试试

请把《她在“金银潭”默念：“要活下去……”》这篇通讯中的各种描写找出来。

好通讯的配置

黄远生

来认识一下这位叔叔。他叫黄远生。从老照片上看，黄先生长得文文弱弱，但他写的报道和评论却不畏强权、针砭时弊、犀利泼辣，曾被称为“中国第一个真正现代意义上的记者”。黄远生生活在 19 世纪末 20 世纪初，他写的新闻报道被称为“远生通讯”，很多研究者认为“远生通讯”开创了中国报刊通讯体裁。

哇，黄叔叔好厉害！

作为开创者，当然写通讯是有“好几把刷子”的。有研究者归纳了黄远生写通讯的几点技巧。

◎ 写新近发生的事实

第一点是写新近发生的事实，新闻性很强。初中学了历史，你们会知道，辛亥革命推翻了清朝，末代皇帝溥仪退位，建立了中华民国。这段历史中的大事件，黄远生有很多报道。通讯的新闻性越强，受关注度就越高，发挥的作用也越大。当时黄远生写的通讯，对今天的我们来说就是历史资料啦。

◎ 报道重要典型的人和事

第二点是报道重要的或典型的人物事件。孙中山、袁世凯都曾是他报道的主角。我们学校体育节，会请来奥运冠军参加，小记者抓住机会去做了采访，写了奥运冠军的成长故事，这就是报道典型人物的通讯。

◎ 抓住具体细节

第三点是抓住具体的场景细节。黄远生写当时的官场腐败，从一个外交官的厨子买了官位，参加达官贵人的宴会说起。外交官赴宴，结果一进场，发现自己的厨子穿着官服也在其中，不禁吃惊地停下了脚步，厨子看见外交官，也惊愕地涨红了脸。外交官的惊诧，厨子的窘态，一段宴会故事让旧官场的腐败跃然纸上。这样的通讯生动得可以当作剧本直接演戏了。

小闻老师说

抓典型和抓细节是通讯的两大特点。能够写出典型人物，并能生动刻画人物细节的通讯，一般都是好通讯。但是什么样的人是典型人物、什么样的事是典型事件、什么样的细节值得记者去描写，就需要我们根据不同的写作意图进行挖掘和筛选了。

● 一起来试试

这是一则《少年日报》小记者写的通讯，请说说好在哪里。你能把它改写成一则消息吗？

我们见到了“90 后”“好八连”

4 月 20 日早上 7 点，在纷纷扬扬的春雨中，“好八连”为民服务队来到了南京东路世纪广场，一如既往地开展为民服务。服务队的解放军哥哥很年轻，许多都是“90 后”，他们告诉小记者，每月 10 日、20 日，他们都会到南京路上为市民送服务，这个习惯是前辈们传下来的，这一传已有 31 周年了。今天，他们要用行动继承光荣传统。

眼见天公不作美，解放军哥哥们将服务摊位移到了沿街店铺的屋檐下。在这块只有一米多宽的狭窄过道里，他们摆了一个修鞋摊、一个磨刀摊、一个裁缝摊、一个血压测量摊和两个理发摊，为有需要的市民服务。

“以前我就找他缝过纽扣，很牢，不会掉。像他这样的‘90后’小伙子，针线活做得这么好，不容易。”在裁缝摊前，江松哥哥在为一位阿姨缝纽扣，阿姨直夸他手巧。他的旁边有一个塑料袋。小记者拨开塑料袋一看，里面放满了纽扣、拉链，江松哥哥笑着告诉小记者，这些都是战士们从破旧衣裤上拆下来的。其实，在进连队前，他根本没做过针线活儿。进入连队后，江松看到了“好八连”的三宝——理发箱、木工箱、修鞋箱，感受到艰苦奋斗的“好八连”精神。连队里的老前辈还会手把手地教自己针线活。刚开始，扎手是常有的事儿，不过江松哥哥不肯认输，反复练习，终于练就了一手细腻活儿。

服务中，解放军哥哥遇到过不少困难，比如沿街店铺到早上9点就要陆续营业，这时候，他们就要准时撤摊，有时候排队等待服务的老人很多，不少都是大老远赶来的，让人不忍，于是他们就把服务点移到居委会，帮助每个前来的老人完成服务。连队副指导员张来贵叔叔告诉记者，自己刚来连队的情况，听不懂上海话，服务时经常遇到沟通不畅的情况，他只得请旁边热心的老奶奶帮他做翻译，“许多好心人给我们带来帮助，让我感到温暖，也感到服务的力量”。

每次服务，“好八连”的解放军都没有专车，靠的是自己的两条腿。早上5点半从位于宝山区大场镇的连队出发，乘坐7号线至静安寺站，然后换乘2号线到人民广场。张来贵说，“好八连”精神是艰苦奋斗、拒腐蚀、永不沾，全心全意为人民服务。连队战士们继承了老一辈“南京路上好八连”的荣誉，所以各方面都要比别的连队做得更好。其他连队早上6点起床，他们就提前半小时，早早地来到操场训练，“队列行进、跑圈、基本擒拿，把身板练硬了，才能更好地为人民服务”。

第二节　学会写一篇通讯

小闻老师，写人的通讯要有故事和细节，就一定要写事情吧，写事情的通讯里总得有人物吧，感觉这写人的通讯和记事的通讯很难分。

这还不简单，看标题呗！学雷锋日过后，语文老师不是布置过两个作文题目，一个是《我的好榜样》，一个是《发生在三月五日的故事》。很明显，前一个写人，后一个记事。

写人记事有不同

通讯有人物通讯和事件通讯之分。它们的标题样式肯定不一样。更重要的是，人物通讯是“众事捧人”，所有事例都是为了凸显人的特点和品质；事件通讯，是“众人成事”，所有的人物表现都是为了反映事情的来龙去脉和本质。

来，读一读三个司机的故事，想一想这是人物通讯吗？说说你的理由。

从蒸汽火车到内燃机车再到高铁动车祖孙三代开火车见证中国速度（有删节）

7月5日，由南京发往杭州的列车从站台缓缓驶出。驾驶室内，55岁的火车司机姜爱舜，在这长长的铁轨上，已整整行驶了27个年头。

在他的家族里，三代人的火车情缘一直延续着。父亲姜福临是新中国第一代火车司机，他的两个双胞胎儿子大学毕业后也成为火车司机。从蒸汽火车到内燃机、电力机，再到高铁动车，火车速度从每小时20公里跃升至350公里，姜家祖孙三代亲历了中国火车的转型升级，也见证中国铁路半个多世纪以来的时代变迁和飞速发展。

姜爱舜的父亲姜福临1956年起驾驶老式蒸汽机车，在南京到常州的铁轨上，整整跑了28个年头。

……

“那时开火车是体力活，一开就是十多个小时，没有好身板是干不下来的。”姜爱舜告诉记者，当时火车由蒸汽机车牵引，而蒸汽机车全靠烧煤将水转化成蒸汽来带动，因此，蒸汽火车要想跑得快，就要有人不断地添煤。车上的3个司机，一路上不停地铲煤、烧水，非常辛苦。从南京到常州130公里，时速只有20公里的火车，需要跑10多个小时，一趟车下来，烧掉六七吨煤，司机们汗流浃背，只有牙齿是白的。那个年代，曾有一句话调侃火车司机：“远看以为是个拾破烂的，近看以为是捡煤球的，到面前一看原来是个开火车的。”

20世纪80年代，蒸汽火车停产，内燃火车开始普及。1991年，姜爱舜继承父业，考取内燃机车驾照。内燃火车时速达90公里，工作环境也大为改善。“没有煤灰了，驾驶室里干净得多。”他说。不过，因为柴油机运转，火车开动后噪声很大。“轰隆隆”“哐且哐且”……在大小仅数平方米的火车驾驶室里，两名司机彼此讲话基本靠吼。姜爱舜开了几十年火车，吼了几十年。“老火车司机大多听力受损，耳朵背，嗓门大，说起话来总被人误认为是在吵架。”近些年，姜爱舜又开上了电力机车，相比之下，电力机车环保、节能、干净、噪音小，柴油燃烧后产生的废气不见了，油也省下不少。

……

今年55岁的姜爱舜即将退休，不过他们家的火车情缘仍在延续。他的一对双胞胎儿子瞿俊杰和姜俊伟，一个成为高铁司机，一个成为轨道火车司机。

……

高铁时代，让城市之间的距离不断缩短，姜家人对此有着最深切的体验。“爷爷爱吃常州的菜肉馄饨，从南京跑一趟常州，需要10小时，每次到常州，爷爷都要吃一碗再回去；到爸爸开火车那会儿，南京到常州1个多小时，可以带生馄饨回家；高铁开通后，半个小时，把一碗馄饨直接带回南京，到家馄饨还是热乎乎的。”

“长大后，我就成了你”，用这句话来形容姜家三代再准确不过。一个家庭三代人，还将继续见证中国铁路的巨变和腾飞。

《新华日报》2018 年 7 月 12 日 记者 王慧

“火车侠”“铁三代”，明显是人物通讯嘛！

反对！祖孙三代开火车见证中国速度，这是事件通讯。

童童，你之前说要看标题，怎么这下又不仔细看了？这是事件通讯。以姜家三代火车司机的事例，反映火车司机的工作环境变好了，铁路越来越长了，火车越来越快了。他们都是铁路发展、国家腾飞的见证人啊！

小闻老师说

人物通讯和事件通讯虽然有明显的区别，但有时也难分彼此，人和事总是分不开的，没有人也就没有事了，所以有时这两种通讯在写作上只是侧重点有所不同。

一起来试试

爸爸妈妈小时候，小灵通漫游的 21 世纪就代表着未来；而对我们来说，21 世纪就是现在。时代在发展，世界在变化，请你采访一下爸爸妈妈，试试从一个小变化，体现大时代。比如，从凭票据买东西到刷手机购物；再比如从玩兵人游戏到打网游……

天天家和学校两点一线，我根本没有机会拯救世界，成为超级英雄，而且也没有机会写出厉害的通讯！

超人没穿红裤衩，你能认出来吗？好的通讯是要你能火眼金睛地从生活中发掘新闻，然后有方法地写出来。

写好通讯方法多

请读一读下面这一篇通讯的片段。这篇通讯在第七届“中国新闻奖”评选中，被评为通讯类特别奖。

北京有个李素丽
——21 路公共汽车 1333 号车跟车记（有删节）

（一）

雨点如断线的珠子砸在雨伞上，她的脸上、胳膊上都溅上了雨水。她招呼乘客们上车。

拥挤的人群变得有序了：他们一个个在雨伞下跺脚，脱下雨衣，折好雨伞，抖去雨衣，依次上车……

她就是李素丽。中等身材，30 多岁。海蓝色的套装整洁合体，淡妆轻抹的脸上，闪动着一双笑眼。

（二）

汽车启动了。李素丽折起雨伞，擦去脸上的雨水，理理自己的头发。随即，车厢里响起了甜润的声音：

“乘客同志们，您可能来自祖国的大江南北，四面八方。不管您来自何方，我都将用热情、友好、主动的态度为您提供周到的服务。您在途中有什么困难和要求，我会竭力帮助您！”

这声音吸引了所有乘客的目光。站在她面前的几个进京打工的人下意识地整理了一下自己的衣服。

这声音，引出了车厢一番议论：

“这售票员像在宾馆里工作。”

“可不。”另一位乘客的声音，“她的仪表和声音我看特像空中小姐。”

一位乘客动情地说：“售票员给上车的人打伞，不多见了。”

“她的车我常坐，”一位乘客接过话茬，“冬天下雪，她捧着炉灰往脚踏板上撒，怕人上车时滑倒，心眼多好！”

……

（十三）

车在运行。

一个留着长头发的年轻人上了车，摆出一副玩世不恭的样子。

“啪”一口痰顺口而出，唾在地板上。小伙子抖着腿若无其事地看着窗外。

“同志，请你把痰蹭掉。”有人劝道。

小伙子鼻子里哼了一声，理也不理。

乘客们不满了：真不像话！

小伙子轻蔑地扬扬脑袋扫视一下众人，一副玩世不恭的神态，这一切李素丽看在眼里。

她走到小伙子身边，面带笑容地说：“这是公共场所，随地吐痰，污染环境，对您的健康也不利啊！”

没等李素丽把话说完，小伙子冷冷地瞪了她一眼，示威似的又在洁净的地板上吐了一口痰。

车厢里乘客气愤了。

人们一齐把目光投向李素丽。

李素丽心里咯噔一下子，有股怒火直冲脑门，满脸憋得通红，她理了理头发，微笑又出现在她的脸上，她转身回到售票台，从自己的挎包里取出一团卫生纸，走到小伙子跟前，俯下身子，默默地擦去地板上的两块痰迹。

此刻，车厢里静极了，没有一点声响。

人们给她闪开一条回到售票台的通道。

谴责的眼光一起射向小伙子。

小伙子低下了“高贵”的头，再也没有抬起来。

到站下车了，小伙子拿着月票特意走近售票台，低声对李素丽说：“大姐，对不起。”

《工人日报》1996年10月4日　记者　郭萍　吴晓象

太棒了，我在脑海里都放电影了！

奇了怪了，这些事都算公交车上的平常小事，却被记者写得读起来又感动又有紧张感！

通过研读这篇精彩的通讯，我们可以学到很多写通讯的方法。

◎ 方法一：用十八般武艺讲故事

不管是人物通讯还是事件通讯，大家都爱看其中的故事、事例、细节。故事在哪里呢？这篇通讯给我们的启示就是故事不一定是惊天动地的大事，更多的是平常的小事。我们要学会以小见大，挖掘人物身上的小事、事件的细节。

怎么讲故事呢？这篇通讯就用到了各种描写方式，比如外貌描写：“她就是李素丽。中等身材，30多岁。海蓝色的套装整洁合体，淡妆轻抹的脸上，闪动着一双笑眼”；心理描写和神态描写：“李素丽心里咯噔一下子，有股怒火直冲脑门，满脸憋得通红”；动作描写：“她转身回到售票台，从自己的挎包里取出一团卫生纸，走到小伙子跟前，俯下身子，默默地擦去地板上的两块痰迹”。

把你写作文的十八般武器全使出来吧，但记得这是通讯，你所写的要真实发生过，不能想象，不能过度渲染。

◎ 方法二：画龙点睛巧概括

文武之道，一张一弛。写通讯也是如此。需要各种描写，也需要概括。概括不一定是简单的归纳叙述哦！这篇通讯中就通过乘客议论，归纳了李素丽做过的各种好事。我们常见的概括法，还有请出专家或者领导为事情或者人物做点评。

除了用十八般武艺讲故事、画龙点睛巧概括这两种方法，还有设悬念法和巧用数字法，可以帮助我们把通讯写生动。

◎ 方法三：引人入胜设悬念

通过一个设问、一个片段设置悬念，让读者紧张起来，迫切希望读下去，这是写小说经常使用的技巧，写通讯也可以用起来。

此刻，一架失去动力的战机在万米高空正以极大的俯角高速向机场滑降而来！

这不是一架普通的飞机。它是我国正在研制的一种新型战机的科研样机，价值上亿元人民币。

这不是一次普通的飞行。它是该型飞机在定型关键阶段的一次试飞，结论对飞机改进意义重大。

这更不是一次普通的降落。飞机在 1.2 万米高空试飞，因意外情况燃油漏光，飞机发动机停车。为保全科研样机，试飞员决定从距机场 20 多公里远的地落空滑迫降。下落航线与跑道呈 70 度夹角，下降速度 400 公里 / 小时左右，一旦失误，该机就可能冲出跑道坠毁。

惊天一落，危险空前。驾驶战鹰迫降的，就是空军某试飞大队副大队长、特级试飞员梁万俊。

“近了，近了……”转眼间，梁万俊驾驶战机俯冲直下。地面上，所有的人一起屏住了呼吸。

……

我的心要跳出来了，最后飞机平安降落了吗？

这是曾经的鄂教版初中7年级语文下册中的一篇通讯。“500米、800米、1000米……飞机一口气冲出1700米，在距离跑道尽头300米处戛然停住。”

耶！

我还记得小记者团曾经采访过浦东三林体育中心的一支短道速滑队，写过一篇通讯，开头是这样的——

说起冰，你会想到什么？是电影《冰雪奇缘》？还是各种冰上表演？对一群生活在本市三林地区的少年来说，冰就代表了他们的奥运梦。

这也是用设问设置了悬念。

我觉得小闻老师刚才说的“500米、800米、1000米……”也让通讯变得紧张而生动。

童童不错啊，有的时候，通讯里用好了数字，也会很出彩。

◎ 方法四：用好数字显生动

十佳好苗苗完颜山水：用心炼成“活地图”（节选）

5 分钟画出上海地铁线路图，随时告诉您上海 12 条地铁线路的 300 多个站点及每个换乘点……完颜山水坚持用自己这项“特殊技能”服务路人，今年，他被评为上海市十佳好苗苗。

《少年日报》2013 年 12 月 17 日　记者　侯秀华

在数量、长度、时间等描述上，数字往往比文字更有说服力，有的时候，通过数字对比，也会显得更明白生动。完颜山水同学为什么被称为“活地图”，3 个数字一摆，你不得不服。

小闻老师说

写好通讯的诀窍就是讲好故事。一篇好的通讯通常都会讲一个或几个精彩的故事。人们爱看消息往往是因为信息的迅速和重要，而通讯之所以让人爱看，源于人们天生爱看故事。这次我们学习了 4 种写好通讯的方法，不过要真正掌握它们还有很长的路要走。

● 一起来试试

一个班里总会有一些特长突出的同学，比如特别会玩魔方的，认识很多植物的，做 PPT 厉害的，等等。请观察并采访一个特长突出的同学，用小闻老师提到的一种或者几种方法，写一篇通讯。

第八课　在评论中加入自己的观点

第一节　小记者手记

记者手记也被称为记者札记，是指记者在完成新闻稿件后，对新闻事件或者新闻当事人产生的一些思考和看法，主要体现记者的所思所想和个人意志。同与新闻稿件所要求的客观性不同，记者手记可以反映记者的个人主观感受。

“铁肩担道义，妙手著文章。”记者应该是有正义感、责任心的时代记录者，同时也是社会上“急难愁”弱势群体的代言人。新闻的力量，就是可以让世界变得更好一点。的确，新闻要尽可能客观，但在忠实还原事实之外，其实记者能做得更多。有时，人们需要看到记者的有感而发，记者也需要从参与者的角度来和读者分享他对于新闻事件的看法。

为什么记者要写手记？

要解答这个问题，首先我们要知道新闻手记是什么。

手记的意思是“读书时摘记的要点和心得体会及见闻的单篇文章”。那么，由此及彼，新闻手记就是对于新闻有感而发的心得体会。值得注意的是，和读书手记不同，新闻手记的作者，不是观众或读者，而是采访新闻的记者，或编辑新闻的编辑、主编，很多在新闻报道中不适合表达的主观感受，可以在新闻手记中说。

记者手记要写标题吗？要写多少字？和我们平时的读后感差不多吗？

小闻老师整理了一些记者手记的标题，让我们先看一下：

- 平凡的人，可以有不平凡的人生
- 文化，要传承也要会传播
- 有一种信仰，让我们忍不住流泪
- 感受时代的节奏与脉搏
- 在西柏坡，接受一次“赶考”的洗礼

◎ 手记要有标题吗？

同学们可以发现，手记是要有标题的。

那么，你发现这些手记的标题和我们之前所学的新闻标题有什么不同吗？

小闻老师觉得，比起新闻报道的标题，记者手记的标题更注重情感的表达，在其中藏着一种态度。写新闻，是要对事实本身的客观呈现负责；而写手记，除了面对读者，更重要的是从自己的内心出发，它提炼出的是记者在采访过程中所孕育的情感，所持有的态度。

◎ 手记要写多少字？

这个问题没有标准答案，和新闻一样，有话则长无话则短，重要的是不再重复新闻中已报道的内容，而把主要的笔墨留给观点的表达。同时，要站在读者的角度思考，篇幅过长的手记，可能反而让读者失去了读的兴趣。此外，手记尽管是记者自己的观点，但也要具有普适性，要能被大多数人所接受和认可。

◎ 手记是读后感吗？

从某种角度来说，新闻手记的确是读后感，是记者编辑参与新闻事件的“读后感”。小闻老师发现了一个情况，不少小记者在写新闻手记时，写着写着就又变成了新闻。那么，新闻手记和新闻报道本身有什么质的区别呢？让我们通过以下一小节来弄清楚。

小闻老师说

记者手记一般是记者编辑在新闻报道之后所写的评论和一些主观看法，因为新闻客观性的要求，所以记者在采写中涉及的个人情感和观点很难在新闻报道中呈现出来，于是出现了记者手记这样的带有强烈主观意图和感受的文字形式。

一起来试试

请你想一想，记者手记中只能有记者本人的观点吗？

手记和报道正文的区别

哎呀，又要写新闻又要写手记，真是累啊！我们毕竟还是小朋友，很容易搞混的！

但这不是我们逃避写手记的借口！让我们去请教小闻老师吧。

手记和报道的本质区别，是要不要出现观点。

新闻报道中不应该包含个人观点，这是新闻报道的规范所决定的。这个规范由来已久，主要是为了维护报道本身的客观性。因为观点是主观性信息，它介入报道，会使受众怀疑报道的真实性和客观性，或使受众受到作者主观评论的影响，影响新闻报道的客观立场。而新闻手记中既可以包含新闻事实，又可以针对客观事实进行评论，提出记者作为新闻事实记录者的观点。

这张照片来自2016年《少年日报》“重走长征路”系列报道的遵义报道小组。7月11日到7月15日，《少年日报》的小记者谢鹏和山宇琪在记者的带领下，来到了贵州省的遵义市，深入探访了80多年前的这次伟大长征在遵义及其周边留下的足迹。除了一篇篇报道，小记者还用写手记的方式，来反映心中的“长征印象”。

小记者的采访手记——

赤水随笔

山宇琪

贵州·赤水

【途中】

今天，我们一早就乘上车赶往赤水市。途中我们经历了3小时的车程，13条隧道，9座大桥以及4条盘山公路。我不禁感叹红军的伟大，想当初，没有公路，尽是崎岖的山路和泥泞的草地；没有隧道，满是蜿蜒的山脉；没有大桥，尽是湍急的河流……他们没有汽车，甚至连马匹也没有，唯一有的就是他们的双脚和几双草鞋，以及那坚不可摧的信念。但是他们，竟然在濒临绝境时在这里完成了四渡赤水的奇迹，不得不让人感叹信念的力量！

【土城】

一进土城，我们发现，这里完全没有了战争的痕迹：没有弹坑，没有残垣，甚至没有弹孔！人民安居乐业，生活富裕平和，今日的土城已经发展成了一个社会主义新农村。但谁曾想过，80多年前，这里曾是硝烟弥漫的战场，无数红军战士在这里为了心中的信念而流尽了最后一滴血。正是因为他们的牺牲，换来了今天的美丽与平和。

站在赤水河畔，河水潺潺，穿城而过。八十余载，弹指一挥间，物是人非，唯一不变的是那流淌着的赤水河，依然闪耀着红色的光辉！

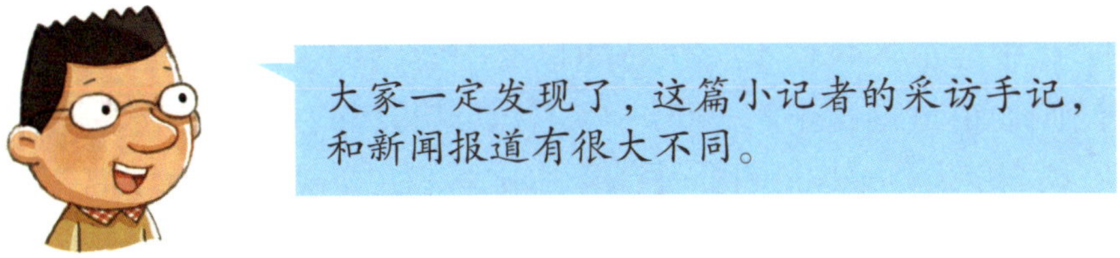

首先，记者在手记中称自己为“本人”“我”，这些都是第一人称（当然，在手记中记者也依旧可以称自己为“记者”）。请大家回忆一下，在新闻通讯中，记者是怎么称呼自己的呢？对了，就是记者。可见，在写手记时，记者的身份更个人化。其实，这不仅仅是名称的变化，更是视角的转变。

其次，在手记中，记者写主观感受的篇幅大于新闻事实。

● 一起来看看

感受时代的节奏与脉搏

湖北广电　谢珍

3 月 3 日，一年一度的全国两会拉开帷幕。本人有幸成为全国两会报道记者中的一员，参与这每年一度的新闻盛宴，感到很荣幸。全国两会期间，来自全国各个领域和行业的代表、委员汇聚一堂、共商国是。诸多有关国计民生的高质量提案议案，是新闻媒体记者取之不尽的“富矿”。在全国两会奔跑过的经历，是所有新闻记者最珍贵难忘的经历。

在会上，我耳闻了代表委员们为了改革、为了民生而建言献策，也目睹了他们对法律草案的每个条文字斟句酌，为每一份议案提案的完善而不懈努力。正所谓“哪有什么岁月静好，不过是有人替你负重前行”。在一个个大大小小的会议室里，代表委员们审议讨论时畅所欲言、不藏着掖着、不说空话套话，抓紧机会表达观点，不负人民所托。民之所望在这里传递，民主气息在这里流淌，美好期待在这里播撒。

……

以这篇手记为例，记者讲述了自己参与全国两会的感受和所见所闻。手记也涉及了新闻事件本身，但没有将细节一一展开，取而代之的，是记者将新闻事件为自己带来的感受写出来。

小闻老师说

手记中有很多我们不会在新闻报道中看到的表述——“本人有幸成为全国两会报道记者中的一员”“让我印象深刻的是”“作为一名新闻工作者，我们要”等等，它们都是在表达记者自己的观点，抒发记者自己的感情。所以手记比新闻更注重主观感受。

一起来试试

请为下面这则新闻写一篇手记。

《新闻联播》重磅改版

说起“新闻联播”几个字，你是不是脑海中立马播放起了那极具辨识度的BGM?《新闻联播》节目自1978年开播至今，已经过去42个年头。1982年9月1日，重大时政的发布时间从20: 00提前至19: 00，由此开始奠定《新闻联播》作为官方新闻发布渠道的重要地位。

2020年7月18日晚，开播42年的《新闻联播》重磅改版，自2002年4月15日起使用18年之久的标志性片头也全新亮相，此外还更换了新演播室，让不少人感到眼前一亮。此次联播节目改版，重在进行“全高清新闻制播”升级。与此同时，《新闻联播》后的《天气预报》和《焦点访谈》等节目，也同步改版升级，节目全部采用16 : 9全高清制播系统，节目形态、镜面包装和视觉效果进一步提升。

第二节　新闻手记怎么写？观点从哪里来？

现在我知道了，写新闻手记，最重要的是要有观点！

没错！但要形成自己的观点可不容易。

不容易在哪里？老师您倒是说说看啊。

最重要的是既要形成自己独到的观点，又要使别人信服。

怎么从新闻中提炼自己的观点？

如何形成自己的观点？什么样的观点最好？这可没有标准答案，但我们可以通过做生活的有心人，加上多看新闻、多写新闻，来提升自己表达观点的能力。

让我通过这个章节去学习一下——

◎ 拟定一个生动的标题

通过之前的学习，大家一定都知道了手记要有标题。而且标题应该是醒目的、生动的、让人有动力看下去的。其实手记的标题和新闻报道的标题在制作上异曲同工，所以这里就不赘述啦。

◎ 适当选用新闻报道里的素材

正如我们之前提到过的，手记无需对所涉及的新闻报道本身进行重复的表述，它需要用精炼的话语，对配合观点的新闻时事进行呈现。因此，需要对新闻素材做适当的调整和归纳。先要确定哪些是采访稿的重点，重点内容可以多用几句话表述，次要内容能省就省。此外，要注意即便是重要的新闻内容，在手记中也未必要全部写进去，可以适当地摘其主要的写出来，而且一定要注意，不能断章取义，也不能前后颠倒，不能为了论证自己的观点而歪曲新闻事实。

◎ 直接引语和间接引语相结合

采访记录出于对事实的还原，一般采用对话式，而在写采访手记时，我们可以将直接引语与间接引语相结合。如介绍人物的经历时，间接引用；人物叙述自己的事例时，直接引用。这样的表述会让手记更有真实感。

◎ 可以引入背景材料

在手记中，记者或编辑还可以将个人经验、相关研究资料或者是相关历史资料写入，让手记所承载的内容更深刻。

红领巾自己办的队报
(原《我们一百万》)
时刻准备着
少年日报
CHILDREN'S DAILY
少先队版
2017年12月22日　星期五　第8754期　本期8版
国内统一连续出版物号：CN31-0007　上海教育报刊总社主管、主办　上海出版　全国发行

飞扬吧 特需儿童的冰雪奇缘

记者采访后，会将自己的感受区别于新闻报道本身，在手记中表达出来。

相互欣赏文明之美（记者手记）

“对很多中国人而言，俄罗斯意味着柴可夫斯基的《天鹅湖》、高尔基的《海燕》、列宾的《伏尔加河上的纤夫》、奥斯特洛夫斯基的《钢铁是怎样炼成的》，您对中国文化有什么比较深刻的印象？”

“我喜欢孔子的哲学思想，喜欢李白、杜甫、白居易的诗，我还特别喜欢巴金的《家》《春》《秋》三部曲。”

这是我们采访俄罗斯圣彼得堡国立大学中国研究中心主任萨莫依洛夫教授时的一段对话。

……

文明是美的结晶，彰显着创造之美。各种文明本没有冲突，只是要有欣赏所有文明之美的眼睛。当前，国际安全环境面临严峻挑战，单边主义、霸凌主义愈演愈烈，逆流而动。地球是人类的家园，人类是命运共同体，各国交往更应该加强文明的交流与互鉴，而不能自视高人一等，执意改造甚至取代其他文明。只有这样，才能让本国文明充满勃勃生机，为他国文明发展创造条件，让世界文明百花园群芳竞艳。

文明交流互鉴，滋润着人们的精神家园。从风起云涌的革命年代到新时代，中俄两国加强人文交流，传承世代友好，巩固民间友好往来，促进文明互学互鉴，共同谱写人类辉煌灿烂的文明发展史诗。

《人民日报》记者　李满

小闻老师说

有同学说，记者手记简直比新闻报道还难写。的确，手记写的大多是记者本人的感受，而且这些感受大多来自采访中的一些细节。如果没有深入地采访，如果在采访中没有是非曲直和价值观的判断，那一定写不好手记。所以，写好手记的真正关键还是在于深入细致的采访和对主题及报道主旨的把握。

一起来试试

很多手记中都会涉及一些与报道中的事件、历史等相关的背景资料。请你想一想，为什么要把相关的背景资料写入记者手记中？

表达未成年人的观点和态度

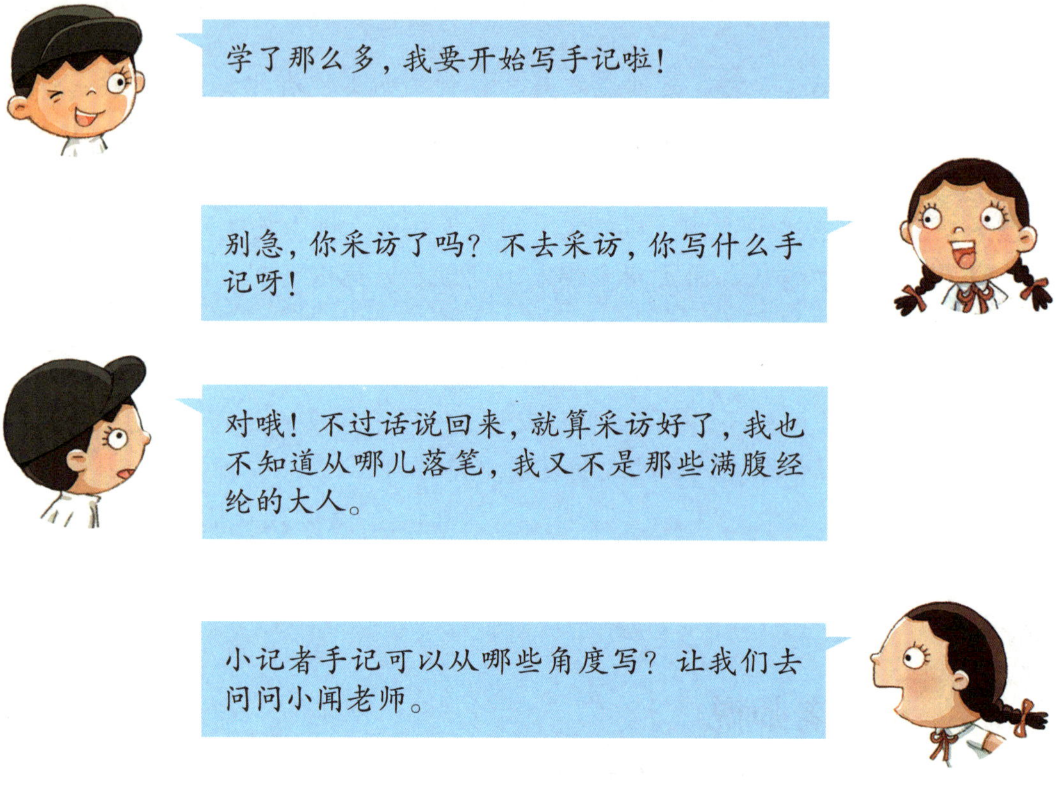

其实，正像乐乐所说，小记者在社会经验和知识储备上毕竟比不过成年人记者。那么，怎样才能写出具有未成年人视角和特点的采访手记呢？

小闻老师有个小记者写手记的小窍门，那就是按新闻采访的实际顺序，把手记分成三类——“准备过程中的手记”“采访中的手记”“采访结束后的手记”。小闻老师保证聪明的你一看就会。

◎ 手记可以写——准备过程

我们常说，过程大于结果，这点对于小记者的实践采访尤为适用。写一写准备过程中自己的所做所想，将自己的预想和实际情况进行类比，就自然而然能得到一篇手记了。

一次在“玩”中学习的实践

3月4日，我作为小记者到北京采访全国两会，好兴奋！

在从南京到北京的火车上，我就开始准备采访问题……采访前，我有点小紧张。可是见到那些代表委员和蔼可亲，就一点不紧张了……

南外仙林分校三（10）班　陈奕含

你们瞧，这位小记者将自己准备的问题和“从紧张到不紧张”的过程作为手记的主要内容，写了自己思考问题的过程和心态上的变化。这就是一篇独家的手记，既反映了全体小记者的共性，又有自己能力和性格的个性展示。

◎ 手记可以写——与采访对象的相处

将和采访对象相处时的所思所想写下来，相信不少同学都和小闻老师一样，认为这是最有内容可写的部分。有最多素材可以写的环节，也是注意事项最多的环节。让我们一起来找找其中的技巧。

采访手记：春节的“变与不变”

民以食为天，春节跟“吃”息息相关，在今年“新春走基层”采访期间，我有幸采访到了烤鸭大师白永明和外卖小哥范存河，以及其他在春节期间忙碌的餐饮人，从他们的忙碌中，我也切实感受到了春节的“变与不变”。

年夜饭是中国人过年的重头戏，没有年夜饭的春节恐怕称不上是春节，在采访白师傅的过程中，让我最难忘的，是他在除夕夜吃的“三个大鸡蛋”，一顿特殊的跨年年夜饭。

“那是很多年前的除夕夜，我在店里一直干到夜里12点才下班，一个人骑自行车回家的时候，一路上都在放烟花爆竹，回到家后我累得动不了躺在椅子上，母亲就给我摊了三个鸡蛋。三个大鸡蛋，我一口气吃完了。”说起这段经历，白师傅每个细节都记得历历在目。

其实不只是白师傅，在过去的每个春节，都有很多像白师傅这样的人，在大家阖家团圆欢度除夕时，依然坚守在工作岗位，从除夕一直忙到春节结束，正如外卖小哥范存河说的那样，“有人需要回家过年，有人需要坚守岗位”。

记者以“新春走基层”系列报道采访烤鸭师傅过程中最令自己难忘的细节——“一顿特殊的跨年年夜饭”为主线，写下了一篇手记。之所以在那么多采访细节中选取了这一段，小闻老师觉得就是在于其中所蕴含的共性和个性，除夕夜应该怎么过，每个人都知道，而这位师傅因为服务他人牺牲了自己的除夕夜，是母亲给他摊了三个大鸡蛋，让他的除夕在辛苦中有了温情，这是个性化的事件。记者还由点到面，联想到了很多像这位师傅一样在除夕夜不能与家人团聚，坚守在自己工作岗位上的人。这就让这篇手记不仅就事论事，而是能引发更多人的共鸣。

手记很重要的一点，就是从新闻事件的个例中，找到一些能引发读者共鸣的元素，让大家从多个层面去思考。

◎ 手记可以写——感受和展望

小记者一定发现了，很多报道和采访都是留有后续的。我们可以把记者手记写成一种展望，或是对不久之后可实现的事实的畅想。

例如一位记者在报道首届进博会最后一天时，写下了这样的记者手记：进博会是一个温暖包容的大聚会，越来越多的外国企业直接与中国客户打交道，喜欢与中国人做生意。随着中国对外开放的大门越开越大，无论是多年的老朋友，还是刚来的新朋友，都将在中国这个活力大市场赢得更多商机。

这不仅是对他自己这一段时间报道的总结，更是对美好未来的畅想。当然，这些畅想都是要有事实依据，要足以使人信服。和任何文字作品一样，手记也切忌“假大空”。与其一味地拔高立意和主题，不如从一些细节、画面切入，让你的手记变得有血有肉。

小闻老师说

手记可以写准备过程，可以写与采访对象的相处，也可以写感受和进展。看了这么多，你一定对采访手记怎么写有感觉了吧！其实，写手记一点也不难，难的是在采访时做个有心人，学会将心中的感受与人分享。这样，新闻才能产生更大的价值。

一起来试试

用展望或畅想的形式为你的一次参观体验式采访写一篇手记。

第九课　小记者的社会责任

第一节　小记者肩负的责任

社会责任，这四个字乍看离未成年人比较遥远，但其实未成年人已经处在需要培养自己社会责任感的阶段了，对一名小记者来说尤其如此。

小记者肩负哪些责任？

这个问题我知道，小记者的责任和大记者一样，都是要“铁肩担道义，妙手著文章”。

这么说是没错，不过，我想小记者肯定还有某些特别的责任，例如保护地球的环境和……

你别胡思乱想了，让我们去问问小闻老师吧。

小记者的责任，我们可以从《少年日报》中找到答案。

《少年日报》每年都坚持推出一到两个重点系列报道，这些选题以小记者主导，或发动全市少年儿童参与，挖掘校园生活，或是社会上和少年儿童息息相关的选题。其中有些选题的切入点很小，但立意却很大。

小闻老师觉得，小记者的责任，就是通过反映少儿的故事、少儿遇到的烦恼、少儿身上的闪光点，来为同龄人反映问题，解决问题，并宣传一些有闪光点的同龄人。在这个过程中，小记者也会懂得观察世界，懂得辨别是非，懂得维护自己的权益并且去关爱他人。

2012 年，《少年日报》推出了系列报道“小记者对话大局长”，让小记者采访自己所在区的教育局局长，并提出和学习生活相关的一系列问题。“学校午餐不好吃能改进吗？”“新建的创意园区能作为春秋游场地吗？”“我们现在周末都被补习班占据，您有什么建议？”小记者把问题抛向了大局长，并得到了很多有价值的回复。

当时17个区县教育局的局长都欣然接受了小记者的采访，这个系列报道在那一年的上海教育界产生了较大的反响，不仅是《少年日报》小记者、记者的一次亮相，也让小记者得以有机会为同龄人发声，带着问题向教育主管部门找答案。

我们来一同回顾一下当年小记者在普陀区教育局采访时，是如何通过提问展现自己的社会责任的。

小记者：红色学堂让我们充满期待，不过，在校园外能如何上好爱国主义课，我们却没什么好办法。请您为我们出出主意。

教育局局长：在向少年儿童开展爱国主义教育的过程中，光是思想的灌输、理论的教导还不够，更需要同学们直观地看到、接触到课堂上讲的内容。普陀区的爱国主义教育资源非常丰富，有23个爱国主义教育基地，它们都是课堂爱国主义教育外的有力补充。例如：同学们在课本中知道了顾正红烈士后，就能走访顾正红纪念馆，更直观地去了解烈士是怎样的形象、是怎样英勇就义的，大大地丰富对顾正红烈士的了解，增加对他的景仰之情。

小记者：借助苏州河两岸教育资源，我们在家门口拥有了第二课堂。请问您，小学生可以怎样在河湾学堂进行更深入的学习，取得更大收获？

教育局局长：河湾学堂的内容非常丰富，我们的母亲河苏州河有“十八弯”都是在普陀区，“十八弯”周边工业发展的历史、老百姓安居的历史、水资源的历史都值得同学去走访。苏州河是中国民族工业的发祥地之一，至今留下许多建筑遗产，如信和纱厂旧址、福新面粉厂旧址、上海啤酒厂旧址、中华印刷厂旧址、上海被服厂旧址等。新中国成立后，尤其是改革开放以来，苏州河又焕发了新的生命活力。可以说，苏州河就是一条上海的历史之河，也是一本流淌着的教科书。作为小学生，我建议大家在进行社会实践活动之前，可以先收集有关苏州河历史方面的资料，再结合河湾学堂的实践，就会有更多的体验和收获。当然，我们在设计河湾学堂的过程中，也会更多地补充有关苏州河历史、文化等方面的内容，形成学习资源包，方便同学们参与河湾学堂的学习。

节选自《少年日报》

小记者肩负的责任，还体现在多参与主旋律的报道。多将国家大事、党的大事传递给同龄人，报道祖国日新月异的变化，城市的发展和人们生活的变迁。

2016 年暑期，《少年日报》小记者在大记者的带领下，进行了“重走长征路”系列采访。在长征胜利 80 周年纪念日前夕，四路队伍分别来到了江西瑞金、广西兴安、贵州遵义和甘肃会宁，感悟 80 多年前那段人类战争史上的奇迹，更见证新时代下祖国的繁荣昌盛。

让我们通过一组图文来看一下。

《少年日报》小记者采访过奥运冠军吴敏霞、张怡宁、许昕；采访过姚明、徐根宝，申花、上港、上海男篮女排；采访过指挥家曹鹏、画家贺友直、上海世博会总设计师吴志强、宇航员景海鹏、刘旺、刘洋，蛟龙号、国产大飞机的设计师；采访过的记者、主持人同行更是数不胜数。

在和这些人士交流的过程中，小记者们不仅了解了他们的工作、为社会作出的贡献，也将他们的故事和身上所具备的正能量传递给更多同龄人，让青少年小读者的身心得到成长。

小闻老师说

作为信息的采集者和传播者，小记者身上肩负了责任与使命。在传播热点新闻的同时，我们应该以社会主义核心价值观为引领，大力弘扬正气，积极地传递正能量，与此同时也要多关注身边的弱势群体，为身边人、同龄人说话，将他们的想法通过手中的笔告诉更多人，让更多人能够倾听到来自未成年人的声音。

● 一起来试试

在学完这一课后，不妨从身边事找起，看看哪些是青少年可以关注的事，试着把它写下来，并从中挖掘新闻价值。

第二节　小记者要发出自己的声音

如同成人记者一样，小记者也有自己所肩负的社会责任。在这里，小闻老师要分享几个小记者通过新闻报道参与城市建设的案例。

《少年日报》培养小记者，不仅仅是为了培养未来的新闻人，更是希望搭建一个体验的平台，让孩子通过参与《少年日报》的办报，最终成人成才。

因此，小记者不仅是媒体人，也是全上海少年儿童的代言人、城市建设决策的参与者。

例如，《少年日报》2012 年的系列报道《上海学生需要一张电子学生证》就对当时的政府决策产生了积极影响。

2012 年，《少年日报》小记者在前往欢乐谷游玩时，遇到了身份认同的尴尬——一名五年级女生因为身高超过了儿童标准，在入园时购买了成人票，但在实际游玩时，却因为年龄未达标，无法体验门票上所示的各种项目。在小记者选题会上，这位小记者说出了自己的遭遇，小记者们经过讨论，提出上海小学生缺少一张“学生可持有、社会可通行，兼具身份证明、出入校安全保障功能”的学生证。小记者们建议，希望使用统一标准的“多功能电子学生证”，而不是以身高作为核实学生身份的标准。

之后，小记者写信给时任上海市市长韩正，并得到了他的肯定。之后，在市教委的牵头下，上海市建立了初中和小学阶段学生学籍信息库，为全市所有中小学生发放电子学生证。上海学生学籍管理进入了信息化时代，学生享受到了更多未成年人专属的福利。

类似的例子还有很多，2010 年中国上海世博会举办期间，《少年日报》小记者曾连续 184 天进入世博会的现场，在进行采访的同时，也发现了一些问题于是，大家就世博园里没有斑马线、直饮水机没有遮阳棚的问题致信世博局。世博局获悉后很快进行了改进，此事被上海各大媒体报道。

2018 年 1 月，在上海两会会场内，三位《少年日报》小记者给时任上海市市长应勇送上全体小记者参与城市建设大调研的倡议书。

两天后，应勇市长就写来了回信。在信中，他对小记者们提出的“围绕发现上海的变化，为城市发展提出建议，并向全市青少年发出倡议”表示赞成。应勇在信中还说，上海正在建成具有世界影响力的现代化国际大都市，他希望全市青少年积极参与到这个过程中，用奋斗创造更加美好的未来，并鼓励小记者们将《少年日报》越办越好。

以此为契机，2018 年《少年日报》的重点报道就是让小记者发现城市发展中急需整改的、和少年儿童生活有关的“小调研大走访”。小记者们调研采写了武康路电力架空线入地、社区中垃圾分类的困惑、海派老字号怎么让年轻人喜爱、上海博物馆导览对少年儿童不亲和等一系列新闻。其中上海博物馆就根据小记者的建议，在第二年推出了儿童导览图，并且在当时在建的上海博物馆东馆中加入了一系列服务青少年的设施。

在这一过程中，小记者知道了调研报告怎么写，更明确了上海开展大调研是以改革开放 40 周年为契机，让城市变得更美好。小记者的调研、建议所形成的新闻和报告，实实在在地融入了上海城市生活中的各个层面，让同龄人的生活变得更便利、更美好。在参与城市发展建设的过程中，小记者锻炼了能力，发出了未来主人翁的声音。

如何进行调研和采写？小记者也进行了许多学习。

“如果你要发起一次调研，可以先从自己的班级开始，这样你就能有三四十个样本，然后找找其中哪些问题具有普遍性，哪些问题有解决的可能性。”3 月 3 日，小记者在《少年日报》编辑部迎来了“上海大调研”微信公众号的主编马彦隽老师。什么是大调研？中小学生可以开展哪些调研？怎样写好调研报告？带着一系列问题，小记者开始了别开生面的新学期第一课。

马老师告诉小记者，2018 年是改革开放的第 40 个年头，而纪念上海改革开放的一个关键词就是“再出发”，大调研正是在这一背景下应运而生的。每一位市民都能成为问题的提出者，解决方案的提供者。大调研的最终目的是化解矛盾，解决问题，因此不仅要观察问题，更要出谋划策。

有小记者提出，上海作为一座发展迅速的大都市，为什么还需要调研呢？马老师说，在城市发展过程中，会涌现大量问题，其中有很多还是市民的急难愁问题。哪些是共性问题？哪些是全局问题？哪些是长期问题？“大调研”在解决这类问题的过程中将发挥很大的作用。大调研既要问需，也要问计，它把广大普通民众和政府部门连接了起来，不仅调研老百姓所关注问题，还非常注重结果。

如何做好垃圾分类，如何解决老建筑的短板，如何安排好学生的晚托班，这些都是值得中小学生去开展调研的视角。马老师还特别强调，大调研将力争做到调研对象的全覆盖，尤其关注那些“沉默的少数”，例如老人和孩子。

怎么写好调研报告，将成为对小记者专业素养的一项考验。“调研的切入点越小越好，在确定切入点之后，就是搜集素材、分析判断、下结论的过程。调研讲究实际操作，要充分翔实，有事实依据，能够供政府部分和行政机构做下一步行动判断的思考。”

“我想调研校门口停车可不可以更人性化”“我想调研整顿培训机构后同学们空闲时间做什么”“我想调研上海高层建筑的管理问题”……在改革开放再出发之年，小记者也将出发，为城市建设贡献青少年的力量。

节选自《少年日报》

小闻老师说

自创办以来，《少年日报》一直有一个宗旨：说孩子的话，为孩子说话，让孩子自己说话。小记者要发出自己的声音，发好自己的声音，就要多学、多看、多听、多走、多写。新闻有大，也有小，不能简单地抓大放小，一些感人的新闻往往从小事中来，往往从小处着眼去写。要写好新闻，做好小记者，就要有一颗为关心身边人身边事，为身边人、同龄人奔走服务的心。

一起来试试

关注城市和人们生活的变化，并找一找同龄人遭遇的普遍性的问题，试着写一则短小的调研报告。

第十课　小记者的实践

第一节　我们可以去哪里实践？

我们已经跟着小闻老师学了那么久的新闻采写知识，我好期待能有机会学以致用呀！

是呀，我和你一样，跃跃欲试呢！

让我们行动起来吧，走起！

聚焦校园

世界上，每时每刻都有新闻在发生，小记者们需要的是有一双善于发现的眼睛。不同于奔走在社会各行各业、各个条线的大记者，小记者们最常活动的地方就是校园了。对于小记者们来说，校园是进行实践的最佳基地。

以下两篇是小记者们在校园中发现新闻线索后写下的采访稿，让我们通过实例一起来学习吧。

我要在 15 岁前打破世界纪录

4×50 米自由泳接力冠军、4×50 米混合泳接力冠军、蛙泳全能冠军、50 米蛙泳亚军、100 米蛙泳亚军……在今年 8 月举行的 2016 年全国少儿游泳锦标赛（小年龄组）上，来自上海市松江区中山小学四年级的张中信同学，一人独揽了上述荣誉，他被誉为松江区小学泳坛的“菲尔普斯”。近日，小记者来到中山小学对张中信同学做了专访。

6 岁开始学游泳

“我从 6 岁开始学习游泳，记得第一次下水的时候可害怕了，一直不敢进入泳池，好不容易鼓起勇气进到水里，结果还被别的学员推了一把，呛了一大口水，我当时就哇哇大哭起来。”说起初学游泳时的经历，小张同学竟有些不好意思起来。

之后的训练是艰苦的，几乎每天放学，张中信就要去游泳队训练，风雨无阻。为了让运动员找到用脚打水的感觉，教练经常会要求运动员戴着脚蹼训练，时间久了，脚上免不了要被脚蹼磨出水泡，但是张中信从没有放弃过。

10 岁当起小教练

水感好，训练又刻苦，很快地，张中信的泳技突飞猛进，参加比赛获得的奖牌也越来越多，奖牌的含金量也越来越高。渐渐地，他成为松江区同年龄段的孩子中游得最快的人。前阵子，体校乒乓队的教练慕名而来找到了张中信，请他教自己的孩子学习游泳。“大概是因为同龄人之间好交流的关系，我一教那个同学就会游了，而且我发现他的好奇心非常强，于是我就试着多教他些动作！他现在从原先学习班里的最后一名，变成第一名啦！”说起当小教练的经历，小记者可以从张中信的话中感受到他满满的成就感。

目标：15 岁前打破世界纪录

“每当获得金牌，站在领奖台上领奖时，心情是激动的，但也意味着我要继续努力下去。我想在 15 岁前打破游泳世界纪录。”这是张中信自从学游泳以来一直的梦想，因为他的偶像，美国泳坛名将菲尔普斯就是在 15 岁时打破了游泳世界纪录，张中信想要超越自己的偶像。

为了完成这个梦想，平时的训练中张中信也在不断地挑战自己，别的队员游 100 米，他就游 125 米；别的队员都是跟自己同龄人比赛，他就跟比他大一两年的运动员比赛，即使比赛输了，他也不气馁，因为“失败就是经验”。张中信表示：“只要坚持，就会有收获！”

《少年日报》2016 年 10 月 21 日　小记者　孙鸣　杨昊　记者　李晔

会游泳不算什么新闻，但是小小年纪游出那么多的荣誉，简直就是“少年版菲尔普斯”，这的确值得报道。童童，考考你，你知道这篇报道属于哪种新闻体裁吗？

小记者写的这篇报道属于人物通讯。

没错，答对了。再来看下一条小记者写的新闻。

亲子挑战日　挑战最快一英里

本报讯　（小记者熊世豪）10 月 11 日，在上海惠灵顿国际学校举行了亲子挑战日活动，“挑战自己的最快一英里，感受最快乐的跑步旅程”。活动分为“10 岁以下”组和“10 岁以上”组进行比赛。

领完赛事包后，小选手家庭在领操台周围集合，做跑前的热身活动。在人们的尖叫声中，奥运冠军刘翔来了，他为参赛小选手打气。

刘翔担任发令员，“嘟”的一声，比赛开始了。选手们以最快的速度飞奔向终点，看着公里牌的数字一点点增加，大家加快脚步。比赛结束后，主持人宣布了“10 岁以上”排名前 100 位的家庭。这 100 对亲子家庭，获得了参加 2015

年上海马拉松赛5公里亲子跑的名额。

《少年日报》2015年10月23日　小记者　熊世豪

我知道，这条校园新闻属于消息，因为有消息头“本报讯”，这是消息特有的标志。

我还没问呢，你都会抢答了……

嘿嘿，小菜一碟。乐乐，小闻老师说得没错，校园里真的有很多事、很多人可以采写，我们现在就去校园里挖新闻吧。

小闻老师说

校园里的新鲜事，学校里的重大活动，同学中的榜样，同龄人共同关注的话题……这些大大小小的发生在校园里的事件、出现在学生间的榜样或典型，都是小记者进行实践的机会。

一起来试试

发现一条最近发生在校园里的新闻线索，并完成采写。

放眼社会

除了采写学校里的新闻，小记者们也能够走出校园，跟着大记者或指导老师接触社会，参与采访各种类型的报道或活动。社区、社会场馆、社会上聚焦青少年的热点事件等，这些都是小记者们可以去采写的。

让我们继续通过实例，边看边学吧。

方寸之间藏大爱

“我和爸爸妈妈一起设计了一枚邮票，有五星红旗、有上海中心大厦、有进才实验小学，表达对祖国、对社区、对学校的爱。”日前，家住浦东新区联洋社区的陈昕宜小朋友一家来到进才实验小学，参与第八届“联洋新社区·进才实验杯”个性化邮票、手绘封图案创意设计及演讲系列活动邀请赛。

作为比赛场地的主人翁，进才实验小学集邮特色班的数十位同学组成小志愿者队，热情地接待了像陈昕宜一样的小选手们。小志愿者盛艺恺说：“我们不仅为活动和比赛服务，也会把邮票的知识告诉小朋友，比如邮票中的必要元素‘中国邮政 CHINA’字样、齿孔、面值等，也会推荐经典版的邮票给爱集邮的来宾。”陈昕宜妈妈告诉记者，通过绘制邮票，女儿不仅学习到了邮票知识，对方寸间蕴藏的文化典故和艺术内涵也有了浓厚的钻研兴趣。

据悉，本次活动的主题为“弘扬伟大抗战精神·同心共筑美丽中国”，以一笔一纸描绘个性化邮票、手绘封图案创意设计以及演讲活动为媒介，共有上千名对集邮、美术及演讲感兴趣的学生、家长与社区居民参与，还吸引了来自荷兰鹿特丹市集邮理事会的来宾参观。

《少年日报》2015 年 4 月 10 日　小记者　张乐天　王芷萌　记者　周雪鸥

小记者在采访时寻找的采访对象是我们的同龄人和家长，这是新闻价值中“接近性”的体现。

社区是宝藏，新闻等你挖。看来以后每天上下学时，我要多跟阿姨妈妈们套套近乎。

走，去警营探秘啦！

小伙伴们，你们知道在上海有一个特殊的学校——“公民警校”吗？上海“公民警校”创建于2010年世博会前夕。现在上海的每个区都有一个“公民警校”。“公民警校”究竟是教大家擒拿格斗还是探案侦查？近日，《少年日报》三年级小记者前往上海市黄浦区公民警校探营，看看他们发回的报道吧！

嘿，有“千里眼”

小记者首先来到了警察叔叔们工作的地方——黄浦公安指挥中心，一进大厅，大家就被眼前的场景惊到了，指挥中心前方墙上有一个很大的屏幕，被分成了很多格小画面，人民广场、南京路步行街、田子坊等黄浦区各个主要街区都出现在了画面上。原来，这就是实时监控，警察叔叔们就是通过监控掌握这些场所的公共安全情况，遇到突发事件，立即发布处警指令，实时监控就像一双“千里眼”！当天的指挥长蔺叔叔告诉小记者，黄浦区已实施了全覆盖监控，总共有2000~3000个摄像头分布在区内各处，做到了真正的无死角监控，让整个辖区布上了一个大大的安全网。

“我们还有更清晰的画面。”为了让小记者眼见为实，更清楚地看见现场画面，蔺叔叔请值班民警将“新天地”的监控镜头推近。一位正在喝咖啡的外国朋友瞬间变大，就像在我们面前一样。随着镜头移动，监控画面里的他正在津津有味地吃着汉堡，我们甚至能看见他嘴上的碎屑。小记者不约而同地为现在的高科技而赞叹。

警察叔叔告诉大家：千万不要怀着侥幸心理做坏事，因为任何违法行为都逃不过警方的“千里眼”。

哇，是真家伙

参观完指挥中心，小记者满怀期待的特警装备登场了！警察叔叔开始向小记者一一展示他们的宝贝，看着这些从前只在电视里见过的武器，小记者兴奋得再也坐不住了。

警察叔叔给小记者介绍了三种最常用的枪，它们是92式手枪、79式微型冲锋枪和88

式狙击枪，其中数字代表了它们研制生产的年份。有小记者发现 92 式手枪的枪管下面装着一个微型手电筒，不知道有什么用，便疑惑不解地问："那是什么呀？"警察叔叔笑了笑回答道："你们观察得真仔细，这小手电可以用来辅助照明，关键是它还带有红外线瞄准器，开枪时能准确对准目标发射。"

一位小记者对 79 式微型冲锋枪和 88 式狙击枪很感兴趣，拉着警察叔叔问东问西。警察叔叔耐心地解释："微型冲锋枪有着单发模式和连发模式，能用来大面积扫射；狙击枪可用于远距离射击，但不适应近距离战斗。它的最长射程可达 50～200 米。"

除了枪械，警察叔叔还有个秘密武器——盾牌，警察叔叔告诉小记者这可是防弹的，只要有一位警察拿着盾牌护在胸前，就可以保护躲在其后的 2～3 位队员。警察叔叔还让大家排着队做出左手抬盾牌、右手拿枪的动作。警察叔叔看着小记者拿枪的样子哈哈大笑，原来是小记者的动作太不标准了。一位警察上前拿起手枪给大家演示正确的握姿，只见他双脚呈弓步半蹲站立，双手于胸前伸直，右手持枪，同时左手紧握右手，双眼配合着一睁一闭地瞄准目标，哇，那姿势真是太帅了！

最后，小记者参观了传说中的上海 PTU 战车，也就是特种机动队冲锋车。大家登上冲锋车时，顿时感觉自己就像是一名马上要去执行任务的特警。车里有 10 个座位，还有各种各样的警用装备：路障、头盔、防弹马甲等。冲锋车的车顶上有一个摄像头，可以在行驶途中实时监控路面街道治安情况。

《少年日报》2015 年 6 月 5 日　小记者　智传朝　肖睿哲　赵佳一　陈丹旎
支琪钧　郝若凡　袁中方　顾欣宁　刘佳乐　吕中秋
记者　何洁玮

能有机会去一些社会场馆进行采访，真是让小记者大开眼界。

酷！这样的采访给我来一沓。

除了社区、社会场馆，小记者们的视线还会聚焦到与青少年相关的社会新闻上。就像下面这则小记者采写的新闻。

“彩虹湾”里现“彩虹”

这可能是小记者们见过的最小的班级，只有 8 位学生。3 月 15 日下午，《少年日报》小记者来到了上海市儿童医院泸定路院区的“彩虹湾病房学校”，见到了这里的老师和同学。上海市儿童医院的于广军院长告诉小记者：“医院了解到那些在医院化疗的孩子渴望学习，于是就有了‘病房学校’的构想。在多方的努力下，儿童医院和普陀区 14 家学校联合建立了这所特殊的‘病房学校’。”目前，儿童医院在住院部的 11 楼开设了小学和初中患儿的病房教室，12 楼则是幼儿教室。“病房学校”总共开设了 4 门课程，分别是阅读训练、思维开拓、温暖面对面、快乐手工，每周二上课。于广军院长说，给小病人上课不仅仅是为了让他们获得知识，更重要的是引导他们坚强面对困难。

“彩虹湾病房学校”每周安排两位志愿者老师授课，每次授课结束后，他们会把教课情况反馈给下一次的志愿者老师。这既是教学上的传递，更是爱心的传递。今天“病房学校”里的志愿者老师是华师大四附中的王书记和怒江中学的江多娇老师。王书记十分怜惜这些特殊的学生：“这些孩子因为生病不能上学，作为教育工作者我非常希望能为孩子们做点实事。”江多娇老师是第一次来“病房学校”上课，这节课她准备了 20 以内的加减法和数学小游戏。“病房学校”的学生非常喜欢这种授课形式。一位同学告诉小记者：“上课的时光是在医院里最开心的时光，上课时我忘记了病痛。”

关心“彩虹湾”的除了老师志愿者，还有学生志愿者。小记者在 12 楼的“病房教室”，遇到了华东师范大学附属第四中学的施乐婷和朱妍姐姐等 7 位“病房学校”的志愿者，他们是来看望病房中的小朋友的。志愿者带来了礼物，上面写着“祝小朋友们早日康复”。

正是这许多许多志愿者在儿童医院的“彩虹湾病房学校”架起了一道美丽的彩虹。

《少年日报》2016 年 3 月 25 日　小记者雷金梁　李奕霖　记者　方园

这篇报道能让更多人了解“病房学校”，关注这群需要帮助的孩子。这让我深深感到身为小记者的责任重大。

我觉得我们小记者在采访的同时，也在体验生活、发现生活，这对于我们的成长也是很有帮助的。

小闻老师说

走出校园、放眼社会的实践，能让小记者在寻找新闻线索、采访新闻的同时，开阔视野，锻炼对事物的观察、思考和应变的能力，提升小记者的综合素养。

一起来试试

跟小伙伴一起去自己生活的社区，通过走访社区工作人员、居民等，寻找新闻线索，采写一条新闻。

第二节　实践时需要注意些什么？

实践采访中的基本礼仪

学到现在，应该说小记者对新闻采访与写作已经基本入门了。不过，在实践的过程中，还有一些细节需要大家注意，比如小记者的基本礼仪，小记者在工作时的专注程度，等等。完善这些细节，有助于小记者更好地开展实践。

◎ 穿着

小记者在实践采访时的穿着应该整洁得体，千万不能穿奇装异服。一般来说，小记者有统一的工作服——小记者服，比如《少年日报》小记者团的小记者服就是一件带有《少年日报》标志的红马甲。在外出实践采访时，小记者需要穿上记者服，戴好小记者证。

◎ 言行举止

会使用礼貌用语对于小记者来说非常重要。试想，一个不懂礼貌的孩子连基本的社交能力都没有，又怎么能够当一名合格的小记者呢？作为小记者，在面对采访对象时，我们能够做到有礼貌的前提是自信。自信建立在采访前充分的准备工作以及对自己能力的了解上，只有建立了自信，小记者才能在采访对象面前调整好状态，显得落落大方。

小记者在采访前需要进行自我介绍，采访结束后也要有礼貌地向采访对象道别，感谢采访对象愿意接受你的采访。

我明白啦！整洁的穿着、得体的举止能给采访对象留下良好的第一印象。

对，这也为接下来能顺利采访迈出了第一步。

小闻老师说

穿上记者服，佩戴好小记者证，在采访对象眼中，你代表的就是小记者的形象。得体的言行举止，能为你的实践采访加分。

一起来试试

以下两张是小记者在采访时的照片，从照片中你发现了什么？

小记者采访上海“两会”政协委员丁金宏

小记者在广西兴安听当地老人讲述红军长征时的故事

实践采访中的温馨提示

除了小记者的基本礼仪，小记者在实践采访时还需要做到以下几点：

◎ 听清任务再做行动

几点集合，活动的范围是哪儿，采访哪些内容……这些信息，一般在实践采访正式开始前，会由大记者或带教老师向小记者们说明。这时候，小记者们一定要认真记下，这关系到之后的采访质量。

◎ 专注采访不开小差

要知道，小记者实践的目的是锻炼采写技能，而不是游览。这在小记者采访一些社会场馆时尤其需要注意，因为社会场馆中往往会有一些有趣的互动体验项目。适当的体验有助于写稿，但千万不要把自己的任务抛诸脑后。

◎ 按照要求完成采访稿

从什么角度采写，什么时候截稿……写出符合要求的稿件能让小记者的稿件更容易被编辑采纳、刊登。

实践采访可不是春游秋游，要时刻记着小记者是有任务在身的哟！

对，要认真对待每一次实践采访，这样才能真正起到锻炼本领的作用。

小闻老师说

实践采访丰富了小记者们的阅历，让小记者们从更多的视角去认识世界，对于小记者们来说，这些都是成长经历中的宝贵财富。希望每一位小记者都能从中有所收获。

● 一起来试试

你所在的小记者团队到一个美术馆进行采访。当天的美术馆活动有比赛落幕仪式和互动体验两个环节。仪式上，活动的主办方和嘉宾分别做了发言，活动中脱颖而出的参赛者也上台亮相。你和几名小记者搭档采访，如果你是组长，要安排小组的采访分工，你会怎样安排？如果有组员一进入美术馆，就先跑到互动体验区玩乐，你该怎么办？

图书在版编目（CIP）数据

新闻采访与写作 / 赵玉平，孙宏主编. — 上海：上海教育出版社，2022.7
（青少年媒介素养教育丛书）
《少年日报》小记者小作家训练教程
ISBN 978-7-5720-1382-9

Ⅰ. ①新… Ⅱ. ①赵… ②孙… Ⅲ. ①新闻采访 - 少年读物②新闻写作 - 少年读物 Ⅳ. ①G212-49

中国版本图书馆CIP数据核字(2022)第114375号

责任编辑 束仁杰 董龙凯
封面设计 顾燕华
版式设计 王 捷

新闻采访与写作
赵玉平 孙 宏 主编

出版发行 上海教育出版社有限公司
官 网 www.seph.com.cn
地 址 上海市闵行区号景路159弄C座
邮 编 201101
印 刷 上海展强印刷有限公司
开 本 787×1092 1/16 印张 9.5
字 数 170 千字
版 次 2022年10月第1版
印 次 2022年10月第1次印刷
书 号 ISBN 978-7-5720-1382-9/G·1089
定 价 59.80 元

如发现质量问题，读者可向本社调换 电话：021-64373213